U0006711

LES INGÉNIEURS DU CHAOS

Giuliano da Empoli

政客、權謀、小丑

民粹如何襲捲全球

朱里亞諾・達・恩波利
林佑軒●譯

「壞人想必洞悉一些好人所不知道的事。」

——伍迪·艾倫（Woody Allen）

目錄

推薦序——面對民粹主義狂潮，我們還在路上！ 007
導　言 015
第一章｜民粹主義的矽谷 039
第二章｜政治界的Netflix 057
第三章｜瓦爾多態征服地球 089
第四章｜酸民當老大 119
第五章｜布達佩斯的怪奇政治伴侶 157
第六章｜物理學家 187
結　論｜量子政治的時代 221
參考資料 239

推薦序

面對民粹主義狂潮，我們還在路上！

黃涵榆｜臺灣師範大學英語系教授

義大利名作家、記者朱里亞諾．達．恩波利一九七三年生於巴黎，於羅馬大學主修法學、巴黎政治學院主修政治學，已出版超過十本書，《政客、權謀、小丑：民粹如何襲捲全球》是他二〇一九年的新書。除了作家與新聞記者的身份之外，恩波利曾任義大利內閣的政治顧問，同時也是智庫Volta的創辦人，以及「全球進步」（Global Progress）網絡的成員。《政客、權謀、小丑》主要考察了全球過去二十多年來包括在美國、英國、義大利、匈牙利、南美洲等地興起的民粹主義風潮。這股民粹主義風潮利用新興網路與媒體科技，造就了美國的川普、英國的強森、法國的勒朋、義大利的孔蒂、匈牙利的奧班、巴西的波索納洛等人及其政黨登上權力高峰。民粹主義至此不再隱身邊緣位置，已然成為全球政治的新典範，站上了政治舞臺中心。

經由恩波利的深入剖析，我們可以看到這些民粹主義勢力如何進行政治宣傳與動員，在選舉中得利，深深地衝擊包括就業、社福、移民與難民政策、政治格調與品德、民主體制運作，甚至是民主的生活方式與價值觀。然而，我們不應該只是把這股民粹政治勢力貶抑為極端的、非理性的或草包政治，自嗨地認為它很快就會消退。事實上，我們所面對的民粹主義勢力，包括慣用的情緒與仇恨動員，是經過精密的政治算計、操作與炒作。恩波利提醒我們，「要對抗民粹的狂潮，就必須從了解它開始，不該只是去譴責它」。

「民粹主義」（populism）從十九世紀開始被用來描述各種不同立場的政治人物、政黨和運動，它甚至和民主體制（democracy）有著密切相關的發展軌跡，兩個詞語的希臘字源「popul-」和「demo-」都表示人民或人口。單純就概念的層次而言，民粹主義經常結合其他包括國族主義、自由主義、保守主義或社會主義等意識型態。換言之，民粹主義可能座落於左右翼政治光譜上的不同位置。暫時拋開個別差異不說，各種類型的民粹主義約莫具有訴諸「人民」（people）和反精英的公約數。

《政客、權謀、小丑》對於民粹主義「狂人」——使用這個詞語並不表示他們有多異於常人——的言行和人格特質有非常深刻的描述，相信大部分的臺灣讀者對這些特質應該都不會感到陌生。這些狂人都很熱衷大放厥辭、狂暴挑釁或者幹話連篇，他們講的話經常在極短的時間內就自相矛盾，用明天的我否定昨天的我。支持者似乎並不在意，反而覺得自相矛盾、一變再變的話語帶給他們無限的驚奇快感。我們似乎總是天真地要求政治人物必須具有誠信，為自己的言行負責。顯然這些民粹主義狂人欠缺這樣的品德或理想特質，但是相較於典型政治人物的處世圓滑和謹言慎行，這樣的欠缺，加上他們拙劣的能力，在支持者眼中反而成了優點，更擔保了他們毫不掩飾的真，強化了支持者的認同。

然而，我們對於當前民粹主義風潮的理解，不能停留在狂人們不按牌理出牌的脫序語言和行為，還必須掌握政治宣傳與動員。民粹主義狂人們不必然是意識型態死硬派，但肯定是投機主義者，我們甚至可以斷定那些離譜的言行是政治精算的一環，具有十足的宣傳與動員效果。即便民粹主義的「發作」頗有嘉年華會的戲劇或荒誕氣氛，但絕對不能只被當作娛樂大眾的鬧劇看待。當前全球性民粹主義風潮的興起大致上是對經濟危機、高失業率、移民議題的回應。如果說民粹主義政治帶給群眾什麼新鮮的吸引力，主要也是因為當前民主體制的失能和停滯，無法解決這些重大問題，讓人欠缺變化感。正是這樣的局勢給了民粹主義宣傳和動員絕佳的時機。

接下來的問題是：民粹主義宣傳和動員有什麼要件？恩波利很精準地指出，首先是要指認誰是「敵人」，彷彿承襲了施密特（Carl Schmitt）以「敵我區分」作為政治的要件。指認敵人建立鬥爭的政治路線，將群眾團結在一起並肩作戰。而敵人是需要被想像、被製造出來的。即便移民只占匈牙利人口的百分之一點四，穆斯林更是微不足道的少數，「貌似」來自非洲或中東的深色臉孔移民在巴黎恐攻之後，就被奧班陣營打造成頭號敵人。不管是製造敵人或是攻擊、醜化競選對手的負面選舉，陰謀論和假新聞都是無往不利的絕佳武器。恩波利敏銳地看穿表面上荒誕可笑的假新聞和陰謀論，被民粹領袖當成宣傳工具，更是他們凝聚向心力的「另類事實」。假新聞和陰謀論並非全然無關真實，它們之所以能發揮效用是因為被套入某些根深蒂固的感受和世界觀。

《政客、權謀、小丑》透過詳實的第一手紀錄，讓讀者看到粗鄙的言語與人身攻擊不再是政治禁忌，這對大部分的臺灣人而言應該都不陌生。憤慨、恐懼、偏見、侮辱、種族和性別歧視不再藏匿在人性的幽微角落，而是經過政治精算被刻意挑起。恩波利將散布恐懼和憤怒、煽動仇恨的專家命名為「混亂工程師」。透過這些工程師的精算與設計，任何一種訴求不管合理或荒謬，只要能夠餵食給群眾一種憧憬，更重要的是挑起他們恐懼，就能得到支持。混亂工程師當然很懂得挑起和操作支持者的憤怒，恩波利特別指出，這種情緒動員的關鍵在於讓群眾覺得自己是遭受不公平對待的受害者。只要能強化這種感受，就能讓魯蛇變成戰鬥者，要完成任何目標就沒什麼不可能，包括妖魔化羅興亞人，倡導以暴力消滅他們。

當前的民粹主義狂潮主要透過網路科技乘勢而起。網路的高度連結性、便利性與匿名性讓民粹主義支持者大鳴大放，但解放的不是更充分的民主討論，而是假新聞、陰謀論和各種仇恨言論。民粹主義慣用的網路組織與動員模式看似開放，提高草根性的參與，實際上卻是由高層所控制。混亂工程師、精算師和物理學家們可以透過網路科技接收與分析大量數據，極大化商業與政治目的，讓不同類型的選民都能收到針對他們關心的議題，專門為他們打造的客製化訊息，再記錄點擊的分布狀況，找出最佳的訊息版本。

《政客、權謀、小丑》讓我們看到，現在是政治公關、混亂工程師、精算師和魔術師當道，而不是笨重的政策專家或技術官僚；他們完全利用當前的新自由主義企業經營與公關模式，徹底轉化了民主競爭的性質，反體制成了體制本身。從筆者的角度來說，民粹主義的「發作」凸顯了傳統的左派和右派政治分野已失去效用，各國盛行的「第三條路」或「新中間路線」並沒有什麼重大突破，專家治國也不見得讓人感受到更多的自由。從更廣的歷史脈絡來看，當代包括民粹主義、基本教義、種族主義的現象都反映某種「回歸根源」的傾向，訴諸本質化的、排他性的「人民」、「傳統」、「血緣」、「真理」認同原則。斯洛維尼亞哲學家紀傑克（Slavoj Žižek）就曾指出，現代民主國家以「自由」、「平等」、「人權」等抽象的概念為認同原則，將本質鑿空，各種回歸根源與本質的傾向因而得以趁勢而起。換言之，民粹主義是現代民主體制的「徵候」（symptom），不是外來的敵人。

作為一種徵候的民粹主義是對我們所處的政治、經濟與科技情境的回應，與我們的生命世界息息相關。民粹主義觸動了普遍的人性特質，它源自人們面對不確定的狀態的被剝奪感，衍生出控制的意志，重新找回尊嚴與歸屬感的企圖，問題出在這些需求和企圖被狂人們操控，被導向排斥與恐外。在臺灣我們看到特定政治人物「擁粉自重」，支持者透過臉書粉絲頁和Line群組互通訊息，甚至傳遞假新聞，對於不同立場的人動輒言語怒罵和出言恐嚇，也就是所謂的「出征」。這樣的操作模式衝擊的不只是大選結果，更是民主政治運作與生活方式的品質。然而，《政客、權謀、小丑》提醒我們，要對抗民粹主義必須從理解它開始，而不是一概而論將它病態化、妖魔化。如果說本書完成了什麼任務，也許是為讀者架構出必要的思考基礎，而不是給出確切的解答。對抗民粹主義狂潮，我們還在路上！

導言

西元一七八七年二月十九日，歌德（Johann Wolfgang Von Goethe）身在羅馬。他於初秋時分抵達，安居在科爾索大道（Via del Corso）[1]上一處不知名的寓所；在此，他可以隱去形跡，欣賞羅馬古城這條幹道的聲色繁華。歌德之所以來到這座永恆之城，是為了尋找他作為德國文學神童、威瑪大公的私人顧問、威瑪公國礦務與道路建設負責人的歲月中，所缺乏的一切種種。最重要的，是尋找運用時間的自由。為了別被好幾年來他走到哪就跟到哪的《少年維特的煩惱》主角的愛慕者打擾，他決定化身為一位名叫尚—菲利普・莫勒的畫家，確保自己當下能擁有需要的清靜。

然而，這一天，他發現外頭有強烈的騷動。他欠身從窗戶往下望，一幕出乎意料的景象映入眼簾：陽臺上、鄰近屋宇的大門前，居民擺上了椅子與地毯，彷

---

* 本書註釋皆為譯註。

1 貫穿羅馬古城區的道路，連接威尼斯廣場與人民廣場，更是十九世紀末以前，羅馬狂歡節的會場。歌德的住處即在狂歡節的核心地帶。

佛忽然想把道路變成客廳。此時，科爾索大道上的馬車開始逆向行駛，搞得一團混亂，稀奇古怪的人物開始出現在群眾之中。「年輕的男人扮裝成庶民婦女，在節慶的服裝裡繃得緊緊的，露出胸部，大膽到簡直放肆；跟路過的男人親熱，對女人則親暱熟悉、隨隨便便，跟對待同類一樣。他們沉醉在種種荒唐行徑中，就像是出於任性、鬼神指使，更為了刻意粗俗。」同樣地，「女人也樂於裝扮成男人現身」，產生了歌德毫不遲疑地說是「非常有趣」的微妙效果。人群中甚至還有一位雙面人，「大家看不懂哪邊是他的正面、哪邊則是背面，也搞不清楚他要走開還是過來。」

狂歡節開始了。這是個顛覆世界的慶典，翻轉的不只性別，還有社會階級、以及尋常日子裡主宰社會生活的一切尊卑秩序。「在這裡，只要下個指示，」歌德繼續寫，「就能宣告大家想怎麼瘋、就怎麼瘋，除了不能夾刀帶棒，幾乎百無禁忌。階級的差異、尊貴與低賤，似乎暫時消失了；所有人彼此親密起來，瀟灑自在地接受發生在他們身上的事情，你自由、我允許，人人擁有好心情而維持了平衡。」

這樣的氛圍中，馬車夫扮成領主，領主扮成馬車夫。就連向來備受敬重的黑袍修道院院長，也成為丟砸白堊與黏土做成的糖衣杏仁的理想目標。就這樣，可憐的院長們很快就從頭到腳沾滿了白色與灰色的痕跡。沒人能逃得過襲擊，更別提那些最顯貴的家族了，他們聚集在魯斯波利宮（Palazzo Ruspoli），那裡反倒奔放著最邪惡的攻勢與最血腥的戰鬥。與此同時，無數名小丑在另一個地方一湧而現。他們選出一個國王，為他加冕、讓他權杖在握，並在樂聲中簇擁著他；小小的花車載著他，一面沿科爾索大道上行，一面大吼大叫。

一切的一切都在無處不在的歡樂氣氛中進行，雖然歌德免不了也記下幾筆走鐘之處，「鬥毆弄假成真，蔓延開來的情況並不少見；此時，激烈的拚命與令這一切失控的個人仇恨，讓人看得心驚膽顫。」還有，在敘述科爾索大道上的賽馬活動時，歌德也提到一些嚴重事故與「許許多多的悲劇，不過也都沒人注意，大家不覺得有多嚴重」。這是狂歡節的黑暗面，是慶典與暴力剪不斷、理還亂的結合，帶來了顛覆性的潛能，讓參加狂歡的人總隱隱疑心著實際發生的事，它們的本質到底是什麼。狂歡節跟其他慶典不同，它表達了一種在人民的文化中蠢蠢欲動、深厚又沛然莫之能禦的情感。歌德這麼寫非屬偶然：狂歡節並非掌權者送給人民的歡聚，而正是一個「人民送給自己的慶典」。

中世紀至今，狂歡節是人民在有限的時間裡，以象徵的手法顛覆統治者與被統治者、高貴者與鄙賤者、上與下、精與粗、聖與俗之間一切已建立階序的機會。這樣的氛圍中，瘋子變成智者，國王淪為乞丐，現實與幻想迷離難辨。如此象徵性的顛覆幾乎總是以選出一位暫時取代既有權威的「國王」作結。

所以，我們不必訝異，狂歡節的娛樂面與政治面之間的界線一向算是薄弱，許多事件已經證實這點。一旦人民不滿足於為了歡笑廢黜權貴、動了殺念，慶典就變成暴動，甚至導致了貨真價實的屠殺。我們也不必訝異，狂歡節在各地都被廢除；法國大革命後，由於懼怕革命蔓延開來，羅馬也停止舉辦狂歡節。法國的雅各賓派[2]則自己廢除了狂歡節，甚至還以死刑懲罰扮裝易容的人。「對奴隸的民族來說，這是一個好慶典。」馬哈（Jean-Paul Marat）[3]說。（大革命貨真價實、一次到位地顛覆成功，那麼扮裝易容也沒必要繼續了，這是理所當然、不必討論的事。）

然而，沒有政權能真正擺脫狂歡節與它的顛覆精神。幾世紀以來，這顛覆的精神不再充斥每條大街小巷，轉而來到政治抨擊小冊與庶民報刊的政治諷刺漫畫中；到了近年，則在電視節目秀跟網路鄉民的謾罵中重新顯形。不過，直到今天，狂歡節才終於放棄了它最鍾愛的位置——現代人意識的邊緣，而攻取了前所未有的核心地位，自居為全球政治的新典範。

歌德蒞訪的兩個多世紀後，狂歡節在羅馬強勢回歸。二〇一八年六月一日，

---

2 法國大革命至恐怖統治時期時關鍵的政治團體，原為議員組成的政團，後成為統治機器。

3 又譯馬拉，法國大革命時期的政治人物，日後建立恐怖統治的山嶽黨（La Montagne）的要人。

新政府上臺執政。他的首腦就是錢斯先生，那個園丁。跟彼得·塞勒斯（Peter Sellers）在《無為而治》這部電影裡演的一模一樣[4]，新任義大利總理朱塞佩·孔蒂（Giuseppe Conte）是一個沒沒無名、跟時代老是有點脫節的人物，卻憑藉一連串的離奇巧合，攀登至權力巔峰。然而，和園丁先生不同，這位沒人聽過也毫無從政經驗的教授獲得提名後，外國各大報刊就開始試圖發掘他的廬山真面目。他們因此揭發了孔蒂先生唯一找得到的片段資料——他發布在網路上的履歷表，充斥著**假資訊**。這一刻起，世界各地聲名最盛的大學（紐約大學、劍橋大學、索邦大學）的闢謠澄清如雨傾盆而至：這位園丁的履歷表記錄著這些地方是他「深造之處」，這些大學則強調、表明他們沒有他來過的任何紀錄。

然而，就算祕密已在全球衛星電視轉播下慘遭揭發，雖千萬人吾往矣的孔蒂先生仍一路攀升至義大利政治體制的巔峰。這讓新政府真正的掌權者——五星運動與聯盟黨[5]的領袖，能夠實現他們的目標：從容不迫地占據層峰之下的位置。至少，五星運動黨魁，也就是被任命為副總理兼經濟發展、就業、社會政策部部長[6]的迪馬尤（Luigi Di Maio），沒有履歷方面的問題。他三十三歲，沒有大學文憑，藉由五星運動得票一百八十九張的網路初選而成為眾議員前，貨真價實的工作經驗只有一個：在拿坡里的聖保羅球場擔任帶位小弟。「我做事非常專業，」他對《晚間郵報》（*Le Corriere della Sera*）[7]表示，「我把很多ＶＩＰ貴賓帶到他們的位置上。」但這不妨礙他迅速擔當起新一代羅馬狂歡節的要角，厲害就在於他擁有令人發噱的能力，能在幾個小時之內講話自相矛盾，還不停地失言以及

4 作者此處以一九七九年美國悲喜劇電影《無為而治》（*Being There*，法譯片名*Bienvenue, mister Chance*）的主角錢斯（Chance）比喻義大利新任總理朱塞佩．孔蒂。錢斯（彼得．塞勒斯飾演）是目不識丁、與世無爭的老園丁，唯一的知識來源是園藝素養以及電視節目。雇主過世後，他流落在外，不慎被一政商關係緊密的富豪的座車撞傷。之後，憑著一連串的巧合加上媒體吹捧，他一舉晉升為美國政界當紅明星，被政要們視為神諭、至寶、奇才，最後甚至有機會問鼎總統大位。

5 五星運動（Movimento Cinque Stelle）與聯盟黨（Lega Nord Per l'Indipendenza della Padania，簡稱Lega）皆為義大利極右翼民粹主義政黨，兩黨於二〇一八年組成聯合政府；尤以前者以數位手段顛覆義大利政治最為人知——即本書一大重點。

6 義大利官銜如何迻譯，乃參考我國駐義大利代表處〈有關義大利頃完成新任政府總理及各部會首長任命之情形〉一文。

7 義大利發行量最大的日報。

炮製**假新聞**。好比有一次，他宣布政府刻正印製六百萬張卡片以便實施全民基本收入，但落實這個政策的措施不僅尚未批准，甚至根本還未送交國會。或者另有一次，他在中國進行國是訪問，對最高領導習近平講話時，稱呼他為「平先生」。

不過，真正的強人，其實是另一位副總理——被《時代雜誌》（*Time Magazine*）譽為歐洲新面目的馬泰奧・薩爾維尼（Matteo Salvini）。他自上臺後就開始演出離譜劇碼：身為內政部長，[8] 卻幾乎每天都發推特來散播恐懼、煽動種族仇恨。上任至今，他在網路上發布了幾十部「勁爆影片」，從最嚴重的案件到最雞毛蒜皮的小事，都與黑人或非法移民的犯罪或違規有關。好比二〇一八年夏天，他評論一部影片，「今天，全義大利的伊斯蘭教徒慶祝了宰牲節，這個節慶要獻祭動物——用割喉的方式。這隻拿坡里的羔羊在最後一刻被救了出來；可是在全國其他地方，幾十萬頭牲畜仍被無情地殺害了。」

無庸置疑，這位支持者口中的「船長」即便在體制內執政，仍舊不太關心他提請民眾關注的事實正不正確。他毫不猶豫地散播假消息，宣稱申請庇護的人為了收看「天空」有線電視頻道，在維辰札組織了示威活動。該省省政府早已澄清這是子虛烏有的事。也就是說，澄清這個謠言的，是薩爾維尼主掌的內政部下轄機關。

這個政府的其他成員在初次登臺亮相時，上上下下所有人都不為義大利公眾所知。然而，他們很快就融入了氣氛。於是，在執掌官印的第一天，新任家庭部長[9]就表示「沒有同志家庭這種東西」。至於衛生部長，有人問她對疫苗的看法，她答道她個人贊成施打疫苗，但人們也有權擁護相反的主張。法務部長則迫不及待將他規畫中最引領時代風騷的措施之一，列入實施日程表：廢除訴訟時效。一個貨真價實的民粹之國，就是要能在任何時候起訴任何人。毫不意外，在請求國會對他的政策投下信任票時，孔蒂先生失言了，表示將不擇一切手段捍衛

8 馬泰奧．薩爾維尼亦兼任內政部長。
9 全銜為「家庭及殘疾部部長」。

「有罪推定原則」。

幾天後，為了補齊政府的陣容，另一批成員上臺亮相；他們也一樣，彷彿是為了拍攝「蒙地蟒蛇」（Monty Python）[10]的戲而選拔的演員。負責統籌國會關係的新任政務委員莫里佐．聖安傑洛（Maurizio Santangelo）是化學尾跡理論的信徒。這個理論認為政府可能利用民航機，在大氣中散播對人群有害的化學或生物製劑。為了證明這個理論，他不時在社群網站上發布他覺得可疑的機尾白煙照片，再下個「這天空，你怎麼看？」的評論。

內政部次長卡羅．希比利亞（Carlo Sibilia），他呢，不是那種能隨便唬弄的人——至今他仍不相信美國人登陸了月球。「今天，我們慶祝登陸月球的週年紀念，」他在推特上說，「是不是還沒人有膽子坦言那只是一場整人大爆笑？」但對陰謀論最有研究的，絕對是負責歐洲事務的政務委員路易西安諾．巴拉．卡拉奇奧羅（Luciano Barra Caracciolo）。他在自己的部落格「Orizzonte48」上抨擊歐元，將歐盟比作納粹德國，又重提各種陰謀論，好比「黑札通告」（The Hazard

Circular）[11]：隱身幕後的金融霸權廢除了奴隸制度，換取一種以控制貨幣為基礎、更幽微狡猾的壓迫形式。

在這種種情況下，我們很難說《金融時報》（*Financial Times*）對這屆義大利政府的判斷是錯的，「一九五七年歐洲經濟共同體建立以來，在領導西歐民主政體的政府中，它是最反傳統、最缺乏經驗的一個。」它也算是一種政治心理學的實驗，有機會迷惑人、驚豔人——如果它的成果不會左右這個世界第七大工業國，以及整體歐洲建設（某些層面上）的命運的話。

義大利又搞得有點誇張，他們素來如此；但狂歡節的強勢回歸，影響範圍卻

---

10 為英國超現實幽默、黑色幽默演藝團體。

11 乃一種金融陰謀論。麥可．克舒貝爾（Michael A. Kirchubel）在其談論陰謀論的著作《罪之惡行：論美國金融》（*Vile Acts of Evil: Banking in America*，暫譯）指出，「一八六二年夏天，倫敦的貨幣壟斷者嗅到了將其系統擴展至美國的機會，一致同意將他們的計畫寫成一份『機密』通告，並委託一位名叫黑札的倫敦銀行家在美國銀行家間散布。」這是所謂「黑札通告」的起源。

遠遠超過這個半島。無論是歐洲或是世界的其他所在，民粹主義的興起就像一支失控的舞蹈，顛覆了一切成規，將悖反定為準則。民粹領袖的缺點在支持他們的選民眼中變成了優點。經驗的缺乏證明他們是腐敗精英圈的局外人；能力的拙劣擔保了他們的「真」。他們在國際上製造的緊張情勢說明了他們獨立不阿；充斥在他們宣傳中的**假新聞**，則標誌了他們自由的精神。

在一個屬於唐納・川普（Donald Trump）、鮑里斯・強森（Boris Johnson）[12]、雅伊爾・波索納洛（Jair Bolsonaro）[13]的世界中，失言、論戰、爭議天天發生。我們才剛擠出時間評論一件事，另一件事隨即壓過了它，彷彿置身永無休止的螺旋裡，它點燃人們的注意力、從媒體畫面中滿溢。許許多多見證這景象的人，對此實在忍不住要翻白眼，讚一聲哈姆雷特說得對，「時代脫臼了！」[14]然而，在民粹狂歡節無法無天的表相後頭隱蔽著的，卻是十幾位**政治公關顧問**（spin doctor）、意識型態建構家，以及愈來愈普遍的科學家與大數據專家。他們焚膏繼晷地工作，沒有他們，民粹領袖恐怕永遠沒辦法取得權力。

這本書要講述的，正是他們的故事。

這是一位義大利行銷專家的故事。兩千年初，他洞悉了網路將為政治帶來革命；同時他也知曉，當時的條件對建立一個徹底的數位政黨來說還不成熟。於是，這位行銷專家——詹羅伯托．卡薩雷吉歐（Gianroberto Casaleggio）[15]，招徠了一名叫畢普．格里羅（Beppe Grillo）[16]的喜劇演員，使他成為演算法政黨最初的、有血有肉的化身。這個政黨名為「五星運動」，它完全建基於蒐集選民數據、滿足選民需求之上，不預設任何意識型態。有點像是一間類似「劍橋分析」

12 英國保守黨議員，二〇一九年七月二十三、二十四日就任保守黨黨魁、英國首相。形象爭議，擅長以瘋狂言論攻擊政敵、吸引選民，曾宣稱歐盟「與納粹懷有同樣居心」、美國前總統歐巴馬是「半個肯亞人」、美國民主黨政治人物希拉蕊是「精神病院裡的虐待狂護士」等等。

13 巴西政治人物，二〇一九年一月一日就任巴西總統。立場極端、出言激烈，被視為極右派，並有綽號「巴西川普」。

14 莎士比亞劇作《哈姆雷特》（*Hamlet*）第一幕中哈姆雷特的念白（The time is out of joint）。

15 義大利五星運動共同創辦人，為該黨的意識型態建構家。

16 喜劇演員、義大利五星運動共同創辦人。

（Cambridge Analytica）[17]的大數據公司，沒被川普聘請，卻直接奪取了權力，挑選出它自己的候選人。

這是英國脫歐運動領袖多明尼克·康明斯（Dominic Cummings）的故事。他講得很肯定，「如果你想在政治路途上步步高升，別雇用政治專家或發言人，雇用物理學家。」他憑藉一群科學家團隊的幫助，得以瞄準他的政治對手根本不認為真實存在的、幾百萬舉棋不定的選民，在正確的時機點對他們精準投放必要訊息，動搖他們、拉攏他們加入脫歐陣營。

這是史蒂夫·班農（Steve Bannon）的故事。幫助川普勝選後，這位多才多藝的美國民粹大師如今夢想著建立橫跨全球的「民粹國際」[18]，以對抗他稱為「達佛斯黨」[19]的全球政治精英。

這是英國部落客米羅·雅諾波魯斯（Milo Yiannopoulos）[20]的故事。因為他，驚世駭俗這個概念換了邊站。如果說，六〇年代的抗議者做出挑釁之舉，目的在於撼動公序良俗、打破保守社會的禁忌；那麼今天，國族民粹主義者採取了反方向的挑釁作風：打碎左派的規則、違反**政治正確**，成為了他們塑造形象的最高指導原則。

這是阿圖．芬克爾斯坦（**Arthur Finkelstein**）[21]的故事。這位來自紐約的猶太裔男同性戀者成為奧班．維克多（**Orbán Viktor**）[22]——為了捍衛傳統價值而開展無情鬥爭的反動歐洲掌門人——最得力的顧問。

---

17 英國一家大數據分析公司，在英國脫歐、美國總統大選中非法利用臉書個資達成政治目的。

18 此處，作者借用「Internationale」這個一系列馬克思主義國際組織以之為名的詞，來形容班農欲創建的國際性民粹聯盟。

19 達佛斯（Davos）為一瑞士城鎮，每年冬天，世界經濟論壇（World Economic Forum）在此舉行，全球的產、官、學、媒精英皆聚集於此。

20 英國極右派政治評論家、演說家、作家，以引起爭議聞名，好比身為公開出櫃的男同性戀者，他公開嘲諷女性主義、伊斯蘭教、社會正義、政治正確、同志運動。

21 美國共和黨政治顧問，曾為歐美多國的保守派、右派參選人提供服務。

22 匈牙利右派民粹政治人物，於二〇一〇年二度就任匈牙利總理。匈牙利人先姓後名，故「奧班」為其姓，「維克多」為其名。

這群「混亂工程師」此刻正齊心協力為這個熱愛**自拍**與社群網站的時代重新創造一套相應的政治宣傳；他們甚至轉化了民主競爭的性質。他們的行動是臉書與Google的政治轉譯。這樣的行動必然是民粹的，因為它跟社群網站一樣，容不下任何形式的中介代議，置所有人於同樣的地位，只有一種評判參數：**讚**數。內容究竟是什麼，它也漠不關心，因為正如社群網站，它只有一個目標：矽谷的小天才們稱為「**參與**」，政治上則意味著最即時的擁護。

社群網站編寫演算法，是為了提供能頻繁地吸引視線、在社群平臺上留住使用者的內容。混亂工程師的演算法呢，則驅使使用者去支持任意一個立場，無論合理或荒謬、實際或天馬行空，只要它能成功捕捉選民的憧憬與恐懼——尤其是恐懼。

對政治界這些嶄新的奇愛博士[23]來說，比賽再也不是以最小公約數集結人群，恰恰相反——是要點燃小團體的熱情，數量愈多愈好；這些人甚至可能完全被蒙在鼓裡。為了攻占多數，他們並不往中間靠攏，而是將各個極端聯合起來。

混亂工程師的演算法煽動了個體的怒火卻不管整體是否矛盾不一，衝破了昔日的意識型態障礙，以一個簡單的對立為基礎，重新表述了政治鬥爭：「庶民」對抗「精英」。在英國脫歐、川普當選及義大利政府的案例中，他們愈有能力破除左派／右派分明的壁壘，攫取不單是法西斯主義者、而是所有火大選民的票，國族民粹主義就愈成功。

當然，和社群網站一樣，新式政治宣傳的糧草主要是負面情緒。是負面情緒凝聚了最多最廣的參與者，是負面情緒讓假新聞跟陰謀論得以成功。然而，這種政治宣傳也擁有慶典似的、解放束縛的一面。強調民粹狂歡節黑暗面的人太常忽略這個面向，嘲笑向來是顛覆階級秩序最有效的工具。在狂歡節裡，解放束縛的

23《奇愛博士》（*Dr. Strangelove or: How I Learned to Stop Worrying and Love the Bomb*）為一九六四年出品的政治諷刺黑色喜劇，其中的同名角色奇愛博士是美國總統的科學顧問，一位曾經身為納粹、至今仍持續懷念納粹的怪誕科學家。

瘋狂笑聲埋葬了掌權者鋪張的排場、制定的規則、浮誇的自負。沒有比將權威轉化為笑料這樣無法無天的傢伙更能讓權威毀滅的了。川普式的丑角或法國黃背心運動（Mouvement des gilets jaunes）式的抗爭大爆發，對掌權者行禮如儀的道貌岸然、掌權者舉止散發出的無趣與傲慢狠狠揮上釋放能量的一鞭。禁忌、虛偽及語言的成規在發狂人群的歡呼聲中紛紛倒下。

在狂歡節裡，沒有人能作壁上觀。每個人都參與了這讓世界上下顛倒的狂熱慶典；只要能拆毀現有秩序，用自由不羈與夥伴情誼取代，辱罵與玩笑再怎樣粗俗都是可以的。狂歡節在參與者心中炮製了一種強烈的完滿與復甦之感，使他們覺得自己隸屬於一個邁開大步前行的集合體。每個人都從旁觀者轉為積極的參與者，不因收入或教育程度而蒙受差別待遇。隨便一個路人的意見都和專家的意見價值相同，甚至更加寶貴。同時，狂歡節的面具轉移到了網路上。網路的匿名性帶來了解放拘束的效應；我們在網上化名易容，無拘無束。網路引戰者（troll）就是新時代的小丑，他們為民粹狂歡節的解放束縛之火再添上更多的油。

如此氛圍中，沒什麼比扮演掃興的角色更危險的了：把錯誤用紅筆圈起來的**事實查核組織**，以及眉毛高高挑起、為新時代野蠻人群展現出的粗俗憤慨不已的自由派人士。「這就是為什麼左派這麼悲慘，」米羅．雅諾波魯斯說，「他們完全沒有喜劇和慶典的細胞。」在歡慶中的民粹主義者眼裡，進步主義者就是只會翹小指、裝高尚的學究。進步主義者的務實變成聽天由命的同義詞；狂歡節國王所應許的，則是炸毀既有的現實。

生命並不只是由權利與義務、由待估量的數字與待填妥的表格所組成。新一代的狂歡節並不符合常識，它有自己的一套邏輯。這套邏輯跟劇院的邏輯比較接近，與教室的邏輯距離較遠；它渴望身體與圖像多過渴望文本與概念，它側重敘事的強度多過追求事實的準確。這樣的心智狀態當然與理性的抽象思考相距甚遠，卻也出乎意料地前後一貫，尤其在於它以有系統的手法推翻既定的規矩，以之建立徹底相反的準則。

假新聞與陰謀論表相的荒謬之下，藏有一個固若金湯的邏輯。在民粹領袖看來，另類事實[24]不只是單純的宣傳工具。與正確的資訊恰恰相反，另類事實乃是凝聚向心力的絕佳媒介。「從諸多面向看來，用荒謬當工具組織群眾，比用真相來得有效。」美國另類右派[25]部落客孟子．黴蟲（Mencius Moldbug）[26]寫道，「相信真相，隨便哪個人都做得到；相信荒謬故事，卻是忠誠度如假包換的體現。而誰擁有制服，誰就擁有軍隊。」

於是，將假新聞融入自己世界觀的政治運動領袖就顯得卓爾不群。他跟別人不一樣，不是聽天由命的務實官僚，而是貨真價實的行動派，為了回應信徒的期望而打造出屬於他自己的現實。歐洲或其他地方都一樣，謊言廣受歡迎，因為它們被置入一套緊攫眾人恐懼與渴望的敘事之中；這群選民的比例正在上升。相反地，打擊謊言的人提出的事實卻被放在一套不再取信於人的敘事裡。對民粹主義的信眾來說，一一查核過的事實真相，實務上是不算數的。當訊息切合他們的經驗與情感，這對他們來說才是真實。面對如此情勢，如果某群數量不斷增長的選民一直認為政府與傳統政黨的大局觀和現實並不相符，那麼累積再多的論據、糾正再多的錯誤都沒用。

要對抗民粹的狂潮，就必須從了解它開始，不該只是譴責它，或同大衛・卡麥隆（David Cameron）[27]內閣的財政大臣喬治・奧斯本（George Osborne）最新著作的書名，將它隨隨便便一言以蔽之為：又一個「理性喪失的時代」。這個當代的狂歡節以兩種「非理性喪失」的養分餵養自己：以真實的社會、經濟肇因為基礎的庶民群體怒火，以及一個起初為商業目的設計、之後成為有心人企圖操縱混亂的摯愛工具的超強資訊傳播機器。

---

24 另類事實（alternative facts）為川普的顧問為川普發言人的謊言辯護時發明的詞，如今用來指涉假新聞或有悖事實的謊言。

25 另類右派（alt-right或alternative right）是美國右派的一支，比主流保守派更為右翼、極端。

26 是柯蒂斯・亞爾文（Curtis Yarvin）的筆名，在此姑採意譯以添韻味。

27 二〇一〇至二〇一六年擔任英國首相。

我選擇在這本書裡聚焦於第二個面向，而這並非指憤怒真正的源頭不重要。混亂工程師的行為絕對沒辦法解釋一切。這群混亂工程師激發我們興趣的，是他們懂得如何搶在別人之先，接收此刻正發生的變革徵兆，以及藉此從體制的邊緣移動到中心的方法。他們的直覺、反骨與異於常人之處，無論最好抑或最壞，在在屬於我們這個時代。

第 1 章

民粹主義的矽谷

美國人總有一種無害的氣質，尤其當他們浸泡在羅馬這種毫無顧忌、無法無天的酷熱裡時更是如此。這和他們擺出的表情有關，他們的穿著大致也給出這種印象。坐在我面前的這位也不例外。我還來不及在他旅館豪華套房的沙發上坐定，他已經遞來一個瑪芬蛋糕。然而，他恐怕就是魔鬼的化身，甚至還得了個「達斯・維達」（Darth Vader）[28]的綽號。《時代雜誌》喚他「操弄大師」；《彭博新聞社》（*Bloomberg News*）則稱他為：美國最危險的政治風雲人物。甚至在他為二〇一六年十一月八日川普勝利入主白宮做出關鍵貢獻前，大家就已經這麼說了。

他的朋友說，如果你聽見哪裡有爆炸聲，很可能是史蒂夫・班農拿著火柴在附近玩耍。這就是為什麼這陣子班農頻繁現蹤羅馬——每個月至少一次。我們很清楚，在這座永恆之城，落得和恩尼奧・費拉亞諾（Ennio Flaiano）筆下的火星

28 電影《星際大戰》（*Star Wars*）裡最大的反派。

人[29]相同下場的風險一直都在：你初次蒞臨，大家像對待聖人一樣迎接你，人們紛紛停步、合力將你抬起，向你歡呼、致敬。接著，光陰荏苒，就像兩千年來習慣了一切哪怕亂七八糟的事物那樣，羅馬人習慣了你。最終，路上的野孩子將對你沒禮貌地喊，「喂！那個**火星人**……」不過在這當下，班農的蜜月期還未結束，他仍所向披靡。他接受訪問、出席會議，與他流露出無限景仰的馬泰奧・薩爾維尼和迪馬尤長時間交談蹉商。閒下來的時候，他就在俄羅斯酒店[30]的豪華套房休養生息。說到底，這個公主與沙皇顧問都曾下榻的傳奇所在很適合他。倒不是因為班農在我們這個時代也搞寡頭政治、操弄選民；其實，主要是因為他有點像民粹革命版的托洛斯基（Leon Trotsky）[31]，是意識型態建構家與行動派人物的混合體，胸懷大志，意圖藉由「**運動**」鼓吹歐洲庶民階級起身反抗他口中的「達佛斯黨」。

每當我們問班農，他在這場運動的角色是什麼，他總謙遜地努努嘴說，「我是民粹運動的國際學生。我是來這邊學習的。」不過，真正的答案卻更野心勃勃一點。

班農總是把兩件襯衫疊在一起穿。他是如假包換的美國勞工階級之子，憑著才華與野心，闖遍一切象徵美國權威的地方：軍隊、維吉尼亞理工學院、喬治城大學、哈佛商學院、高盛集團；接著，好萊塢；最後，華盛頓。然而，他從未放下心中最初的憤怒。恰恰相反，他一路積累彈藥，為的就是爆破摧毀精英的世界——對他而言，那是個防衛森嚴的、背叛人民的階級。

班農跟隨其師安德魯・布萊巴特（Andrew Breitbart，曾創建與自己同名的反消息[32]網站）的腳步，成為了新一代民粹主義者中第一批了解「政治衍生自文化」

---

29 典故出自法國作家、劇作家、導演、評論家恩尼奧・費拉亞諾一九五四年發表的諷刺短篇小說《火星人在羅馬》（*Un Marziano a Roma*）。小說中，火星人降臨羅馬，一開始受到瘋狂歡迎，當羅馬人習以為常後，火星人便受到冷漠對待，甚至在路上被喊來喊去，像野狗一樣。

30 羅馬市中心的五星級酒店，位在人民廣場旁。

31 俄國共產革命領袖、蘇共領導人。原與史達林分庭抗禮，後鬥爭失敗，遭後者流放、暗殺。

32 Contre-information，指反對傳統媒體新聞內容的訊息。

（politics is downstream from culture）的人。從一開始，他就奮力奪取掌握在自由派知識精英手中、支配文化的權杖。於是，他投身好萊塢拍攝俗濫煽情的紀錄片，片片塞滿哲學語錄與華格納（Wilhelm Richard Wagner）的音樂，主題是美國精神、文明衝擊，以及塑造了歷史、決定大事發展那一代代人的更迭輪替。因著同樣的動機，他在布萊巴特死後將「布萊巴特新聞網」轉型為美國另類右派重整旗鼓的據點——這是一幫雜駁的人馬，有國族主義者、陰謀論者、千禧年主義者（**le millénarisme**）[33]，以及單純的狂熱分子。他們決心在公共辯論的主要議題上，包括移民、自由貿易、少數群體的角色、公民權等等，迫使別人接受他們另類的觀點。透過在德州就地組建編輯團隊來就近追蹤非法移民的動向；透過金錢挹注總的來說研究**體制**之弊、特別來說則專門追查柯林頓一家的惡行的智庫；透過動員部落客和網路引戰者來稱霸、支配社群網站上的議題辯論；透過參與組建把大數據用在政治上的公司（也就是一段日子之後成為國際醜聞的「劍橋分析」〔Cambridge Analytica〕），班農化身為美國民粹主義的一人樂隊。當二〇一六年川普旋風橫掃共和黨總統初選時，他正逢其時，準備好勝任幕後靈感啟發者及美國政治史上最無法無天的競選活動官方謀士。

選舉結束後，班農顯然有些沖昏頭了。他安坐總統政治顧問的辦公室，沒能忍住走向幕前的誘惑。對謀士來說，不在王子的耳邊低聲面授機宜，反而跑去向媒體暢談自己的理念，這怎麼說都是個餿主意。更何況他的老闆恰恰是自戀時代那活生生的象徵。結果一年之後，班農被趕出白宮，自由世界的領袖則發了個這樣的推特，「邋遢鬼班農在我叫他滾蛋的時候哭著求我。現在開始，幾乎所有人都把他當條狗一樣扔了。太慘啦！」（川普總統推特，二〇一八年一月六日）

可是，如今所有的主權民粹主義[34]者中，鮮少人有班農這樣的頭腦、經驗與

33 千禧年主義可從宗教或政治兩種層面上解讀。宗教上，廣義的千禧年主義指涉所有相信末世的混亂後，將有救主降臨拯救全人類的信仰。政治上則指涉一類思想，認為未來將有一個畢其功於一役的激進革命，為人類建立一套永遠不再改變的政治社會制度。

34 主權主義（Le souverainisme）堅持一個國家或區域的主權至上，對抗更上層的國際或聯邦組織。如歐洲各國的主權主義旨在反對歐盟，魁北克的主權主義對抗的則是加拿大聯邦政府。

人脈。於是，短短幾個月間，一個更雄心萬丈的前景浮現在他的心中：「我想做的，」三月的時候他對《紐約時報》（*New York Times*）的羅馬特派員表示，「是為全球民粹運動打造一個全球性的基礎建設。我是在瑪琳・勒朋（Marine Le Pen）邀請我參加他們在里爾舉辦的全國黨員大會[35]時有了這層體會。我問她，『你想要我講什麼？』她回答，『我想要你說，我們並不孤單。』」就在這個時刻，班農領悟到這矛盾的修辭是有機會成真、真有揮灑空間的——「國族主義國際」[36]。打造這樣的平臺，是為了讓歐美各地風生水起又各自不同的政治運動得以共享經驗、想法與資源。「在歷史中，我們站對了邊。連喬治・索羅斯（George Soros）前陣子都說了，我們活在一個革命的時代中……」

索羅斯，這位來自匈牙利的超級富豪透過他的開放社會基金會，資助了全球各地的民主運動。對全球新一代的民粹主義者來說，索羅斯是夢魘，也是一個禁忌的渴望。「他很厲害，」班農承認，「邪惡，但很厲害。」他的朋友奧班・維克多宣布匈牙利的法律不再保障索羅斯，班農卻想創建一個以索羅斯的基金會為範本的組織，以並駕齊驅的影響力推展迥然不同的政治計畫：封鎖國界，逆轉全球化以及歐洲一體化（European integration）的進程，回到昔日一個個民族國家的狀態。

「我們這時代最有革命性的主張總是以『從前從前』這句話作為開頭。」政治學家馬克・里拉（Mark Lilla）如是說。而班農的觀點是，這場革命的震央，如今正是義大利。

這就是為什麼他現身於此，在俄羅斯酒店的豪華套房裡坐在我面前。圍繞著我們的，是他一群摩拳擦掌、蠢蠢欲動的心腹：奈傑・法拉吉（Nigel Farage）[37]的前任左右手拉希姆・卡山姆（Raheem Kassam）、人類尊嚴研究所（Dignitatis

---

35 瑪琳・勒朋是法國極右派政黨「國民聯盟」（Rassemblement national，舊名「民族陣線」Front national）的黨魁。其全國黨員大會約三至四年舉辦一次，二〇一八年三月辦在法國北部城市里爾（Lille）。

36 此處類比的典故仍是「共產國際」——全球共產運動組成的國際組織。之所以說「矛盾的修辭」，乃因為「國族主義」本身就與「國際」這個概念相悖。

37 英國右翼民粹政治人物，現任脫歐黨黨魁，狂熱擁護脫歐。

Humanae Institute）[38]創辦人班傑明・韓維爾（Benjamin Harnwell）、一身運動勁裝的班農之姪尚恩・班農（Sean Bannon），還有一個看起來就像一九三〇年代瑞典優生學實驗產物、啟人疑竇的亞利安人。他們所有人狂熱奔忙，炮製出一種所有革命大本營都擁有的、洋溢著睪固酮的氛圍——尤以國族民粹主義的大本營為最。

「羅馬重新成為政治世界的中心，」班農繼續講，「因為就在這裡，一樁獨一無二的事件發生了。就在這裡，右翼民粹主義者與左翼民粹主義者同意先擱置他們的分歧，聯合起來，把被達佛斯黨篡奪的權力還給人民。就好像伯尼・桑德斯（Bernie Sanders）[39]和唐納・川普達成協議那樣。我們在美國做不到，你們卻做到了。在義大利，被撼動的甚至是『主權』的本質：這個實驗結果決定了一種反抗的命運——想從偷走權力的全球精英手上奪回權力的民族，他們挺身而起所做出的反抗。如果這在義大利行得通，那到處都行得通。這就是為什麼你們代表了全球政治的未來。」

班農的話語是諂媚沒錯，但其實這已經不是英美觀察家第一次把義大利半島的政治發明視為值得追隨的榜樣了。「你們的運動幫助了全世界。」一九二〇年代末，溫斯頓・邱吉爾（Winston Churchill）對義大利的法西斯主義者如此宣說。「義大利證明了我們有方法對抗毀滅性的力量。這個方法就是號召人民同心合作，捍衛文明社會的榮譽與穩定。它為蘇維埃的流毒製造了必要的解藥。爾後，再也不會有國家對蘇維埃這種惡性腫瘤束手無策了，每個國家、每位擔當重任的領導人都在抵抗這種齊頭平等、違反良知的政治教條時，感覺自己又站得更穩了些。」

整個二十世紀，義大利就像是一間實驗室，令人目眩心駭的政治實驗在此輪番登場；它們往往注定要以各種不同的形式，在世界的其他地方複製蔓延。法西

38 班傑明・韓維爾創立的追隨天主教保守派價值機構，該機構與班農淵源甚深，他們計畫承租一座修道院建築來傳播班農的理念，並培訓歐洲未來的國族主義、民粹主義政治人物。

39 美國左派政治人物，曾參與二〇一六年美國民主黨總統初選，雖敗給希拉蕊，廣受年輕人與勞工選票的歡迎，捲起一陣左派旋風。

斯主義是第一個也是最沉重的實驗後果。它垮臺後，義大利又誕生了民主歐洲最大的共產黨，此地因而成為冷戰期間各種陰謀操弄、衝突緊張的演武場。柏林圍牆倒下了，這個半島又轉型為民粹主義的矽谷，將今日撼動整個西半球、針對**體制**的反抗提前了快二十年預先實踐。

亨利希．曼（Heinrich Mann）[40]說拿破崙是法國大革命轟出的砲彈。我們呢，不妨以相應的比例，將格里羅與薩爾維尼比作「**賄賂之都**」（Tangentopoli）大案[41]轟出的砲彈。一九九〇年代初，司法發動了這場革命，義大利政界首腦紛紛落馬，開啟了永無休止地拒絕精英、政治逸離常規的時代。一九九二至一九九四年，義大利政治界遭到殲滅：執政聯盟的國會議員有一半蒙受調查，一些領袖鋃鐺入獄，另一些則逃亡海外。兩個永恆的執政黨：天主教民主黨、義大利社會黨在幾週內解散。這個名為「潔淨之手」（Mani pulite）[42]的行動，本質上已經展現了民粹的步數：小蝦米法官對抗腐敗的精英。「人們鼓掌，是在為他們自己鼓掌。」米蘭檢察長法蘭切斯寇．薩伏里歐．波瑞里（Francesco Saverio

Borrelli）[43]當時如是說。反腐調查行動中好幾位主事的法官日後投身政壇、成立政黨、當選國會議員、成為部長與大城市的市長，也就並非巧合。

從這時起，義大利人做的唯一一件事，就是動身尋找另類精英來治理國家，取代信譽掃地、貪污腐敗又無能的職業政治人物。率先發難的，是左派；他們熱烈支持法官們「潔淨之手」的行動，從而在一九九三年的春天，組建了義大利共和國歷史上第一個「專家」政府——由義大利央行前總裁卡洛·阿澤利奧·齊安比（Carlo Azeglio Ciampi）主導內閣，部長清一色皆非職業政治家，而從學術界與公務員中挑選。在這個時期，一個「公民社會」的迷思在進步主義者間盛傳：義大利半島新的領導階級，將從這個道德高尚、毫不腐敗的「公民社會」中興

40 德國作家、畫家，乃作家托瑪斯·曼（Thomas Mann）之兄。

41 意譯「貪腐之城」，為義大利政壇一九九二年爆發的大規模結構性貪污案，事件牽連廣泛，政、商、黑道皆涉入其中，傳統政黨與政治精英傷亡慘重，聯盟黨則乘勢竄起。

42 指對「賄賂之都」發動調查的司法攻勢。

43 義大利司法人員，以領導「潔淨之手」行動廣為人知。

起。然而，貝魯斯柯尼（Silvio Berlusconi）[44]來了，他要讓大家明白政權應該由國家真正的財富創造者——企業主與經理人來管理，他們和一無是處的傢伙所組成的傳統政界有著雲泥之別。聯盟黨的地域主義者與**全國聯盟**（Alleanza Nazionale）[45]的前法西斯主義者跟隨貝魯斯柯尼加入政府，組成一個同心協力擊退中央「竊賊羅馬」（Roma ladrona）的大雜燴。

接下來的年頭裡，**騎士**[46]繼續支配著義大利政治，直到他因私生活醜聞而被迫下臺的二〇一一年底為止。在他之後，馬力歐・蒙蒂（Mario Monti）[47]企圖組建一個「賢能政府」，馬泰奧・倫齊（Matteo Renzi）[48]則以創新的**領導力**帶領中間偏左派數度嘗試讓傳統政治稍稍復生。

二〇一八年三月四日的選舉見證了五星運動與聯盟黨的勝利，標誌了上述嘗試徹底失敗，義大利轉變為民粹主義如假包換的應許之地。如是，西方大國第一次實現了右翼民粹與左翼民粹的合流，這大大激起了史蒂夫・班農的綺想——以及野心。對他而言，此刻上演的戲碼絕不下於文明的衝擊。

「我最佩服梅克爾（Angela Merkel）與馬克宏（Emmanuel Macron）的一點是，」他說，「他們毫不隱瞞他們的計畫。大家要知道，沒什麼陰謀不陰謀的！他們在光天化日下把一切全說了。一年前，馬克宏發表了一場演說，提出在讓·莫內（Jean Monnet）[49]的願景中，歐洲大計的必然結果。他講得詳細又有條有理。這個計畫透過外加的政治融合、商業融合，以及資本市場的融合來完成。實際上，這就是個歐羅巴合眾國，義大利會變成南卡羅萊納州，相對地，法國就是

---

44 義大利右派政治人物、企業大亨。一九九四至二〇一一年間三度出任義大利總理，長期主宰義大利政壇。

45 新法西斯主義政黨——義大利社會運動黨（Movimento Sociale Italiano）分裂後較溫和的一派所成立的右派新政黨，現已解散。

46 貝魯斯柯尼曾於一九七七年獲義大利國家勞動騎士勳章，得綽號「騎士」。

47 義大利中間派政治人物，二〇一一至二〇一三年任義大利總理。

48 義大利中間偏左政治人物，二〇一四至二〇一六年任義大利總理。

49 法國政治人物，曾參與二戰後美國對歐洲經援的馬歇爾計畫以及歐洲經濟共同體的建立，為歐洲一體化的關鍵人物，人稱「歐洲之父」之一。

北卡羅萊納州，懂吧？所以，如果你信奉這個計畫，它讓你開心，那意思就是你信奉馬克宏的計畫。薩爾維尼、奧班、瑪琳．勒朋還有其他國族民粹運動者呢，他們的回答是：不。在歐洲，認為民族國家是該被克服的障礙的人，以及認為民族國家是必須珍藏的寶貝的人，他們彼此對立的點就是這個。」

「現在呢，我們回來聊聊，為什麼義大利是這所有種種的中心。」班農繼續說，「你們這裡，民粹主義者跟國族主義者把他們的差異擱在一旁，以人民之名聯合起來對抗各種外國勢力。這就是這個模式的第一個榜樣，日後將散布各地、代表全球政治未來的模式——主權主義者對抗全球主義者。」

在奔放的修辭之外，班農這段話相當有趣，因為他抓到了義大利這案例的精髓；近來，針對極右派興起、法西斯主義復歸的示警日益增加，他們卻都忽略了這一點。義大利正在上演的戲碼並非上世紀二〇、三〇年代的重現。此刻正在上演的是一種由網路與新科技鎔冶而成的，政治的新形式。

如此看來，儘管馬泰奧・薩爾維尼無疑是當今最動見觀瞻的政治人物，最值得關注的現象其實卻是五星運動。因為，正是五星運動將薩爾維尼送上這政治競技場，將聯盟黨這樣獲得百分之十七選票的小眾極端勢力保送進政府並給予支持，由此於整個國家建立了貨真價實的文化霸權。

歐洲各地都有右派的排外主義政黨。在二〇一八年春天前，他們的支持率跟聯盟黨差不多，甚至更高。然而，他們都達不到多數票門檻；一般來說，他們也找不到準備好與他們一起執政的盟友。在義大利，五星運動憑藉一個毫無政治內容、任何人為了掌權皆可運用的平臺，囊括了三分之一的選票。如果沒有五星運動的後意識型態演算法的支持，薩爾維尼恐怕沒辦法擁有他今日的角色。

另一樣將義大利打造為民粹主義的矽谷的關鍵是，就在這裡，破天荒頭一遭，後意識型態科技民粹主義的一種嶄新形式奪取了權力；這種形式並非建基於理念，而是建基於混亂工程師精心校準的演算法。其他地方是政治人物雇用這些混亂工程師；這裡不同，是那些混亂工程師成立了政黨、選擇最能夠象徵他們願景的候選人，以此直接統領政治運動，甚至承擔控制中央政府的大任。

這個故事在義大利境外鮮為人知。可是，為了釐清這塊**未知之地**（Terra incognita）[50]——在這塊陌生的地界上，我們的民主已經開始崩潰——的邊界，它值得被述說傳揚。

---

50 為一拉丁文詞彙，在地圖學中指未為人類所知、所探的土地。該詞如今廣泛指涉「尚未為人所知的領域、知識」。

第2章

政治界的Netflix

利弗諾（Livorno）[51]是義大利政治史上一個重要的城市。一九二一年，就在這裡，一場分裂誕下了義大利共產黨。八十年後，五星運動的兩位創辦人也在這裡初次邂逅了彼此。「四月的一個晚上，在一場我名為『燈火管制』的表演，」畢普．格里羅寫道，「詹羅伯托．卡薩雷吉歐來到我的包廂，和我聊起網路、聊網路能怎樣改變世界。我不認識他，但我對他說的話表示贊同。我對他微微笑。我試著別讓他不爽。我不想害自己被一個@或是一個.com威脅。他深深相信自己說的話是對的。當時，我覺得他是個反派天才，或者就像亞西西的聖方濟（San Francesco d'Assisi）這類聖人，只是他不對野狼和小鳥[52]、而是對網路說話。」

一位是舞臺猛獸，強而有力但不知何處發洩心中之怒；一位則是陰冷怪咖，有能力預知未來卻在真實世界略顯茫然，不知心歸何處。在這故事的第一幕，我

51 位於義大利北部托斯卡尼大區的港口城市。

52 乃天主教宗教家、義大利與生態主義者的主保聖人。他有許多與動物互動的傳說，好比他能與鳥溝通；另一次，他路過一為狼所荼毒之城，挺身與狼交談，以天主之愛感化牠並與牠握手定約：從此，牠不愁食糧，亦不可再傷人。

們已經看見了那命定要成為五星運動的人、事、物，他們全部的神話：表演、嘲諷、網路文化與革命。

一邊，是畢普·格里羅。這位魅力無法擋的喜劇演員，離開了熱那亞的地下表演場、攻占電視圈知名度的巔峰，用他充滿挑釁及侮辱的驚世言論、龐大無匹的身軀，以及跟傳教士薩佛納羅拉（Girolamo Savonarola）[53]有拚的凶悍嗓音所撐起的一人秀，塞爆整個義大利半島的劇場。

另一邊，是詹羅伯托·卡薩雷吉歐。五十歲的經理人兼數位行銷專家，精準、靜默、專注，外表就像個後現代的約翰·藍儂（John Lennon），肩披長髮、掛著眼鏡的嚴峻臉龐——嬉皮美學與電腦狂人手段的完美綜合體，和美國加州的網路文化同源。他曾在義大利最舉足輕重的資訊公司奧利維提（Olivetti）工作了三十年，最近離職創立了自己的事業：卡薩雷吉歐事務所。

然而，卡薩雷吉歐不只是單純的企業家。他是預言家，他自學成才，融會貫通出一套結合對聖方濟及以撒·艾西莫夫（Isaac Asimov）等科幻先驅這兩種崇拜的、觀看現實的角度。他從不宣稱自己被任何一種政治熱情激發了行動。「我對政治沒興趣，」他說，「我感興趣的，是民意。」

身為數位行銷專家，卡薩雷吉歐洞悉了網路將為政治帶來革命，讓一種以選民（消費者）偏好馬首是瞻的嶄新政治運動成為可能。因此，他打算推出一個能有效回應現有政黨無能滿足的政治需求的產品。不過，他也清楚，要在義大利催生一場真正的群眾運動，單只有數位面向的話，給人的感覺還是太沒溫度、太有距離感。這就是為什麼他需要畢普．格里羅來賦予這個運動熱力與激情；若不如此，它恐怕走不出義大利半島的電腦狂人同溫層。未來的五星運動的力量與韌性就來自如此空前的結合：傳統的民粹主義與演算法走入婚姻，生下了令人畏怖的政治機器。

53 義大利道明會修士，曾掌權翡冷翠，施政與講道極端嚴苛。最後，他為教宗絕罰，以火刑了結一生。

現在呢，獲得格里羅的同意後，卡薩雷吉歐要做的，就只是先建造一個部落格。從一開始，成功就是非凡的，「二〇〇五年一月二十六日，我開了一個部落格。我根本不了解那是幹什麼的。」格里羅說，「現在，我漸漸明白了：短短幾週，beppegrillo.it成為了義大利人氣最高的部落格。」這位喜劇演員隨性不羈的表相下業已隱藏了一具運作圓轉如意的機器。每一則**貼文**都是一套精準儀式的產物。每天早上，卡薩雷吉歐事務所的助理都會選出部落格上十則最值得關注的評論，傳給卡薩雷吉歐。卡薩雷吉歐閱讀、重新構思，然後撰寫每天下午上線發表的當日**貼文**。公眾眼中，格里羅一直是唯一的作者，卡薩雷吉歐則被打發到技術供應商的單純角色上。實情卻完全是另一個模樣。日後標誌了部落格大獲成功，幾年內將它推升為全球人氣最旺的部落格之一的火熱運動，徹徹底底是在卡薩雷吉歐事務所位於米蘭的辦公室裡所誕生。在此，以用戶的回饋為基礎，行得通的話題以一套固定的互動程序被找出來，這套程序已是未來更形精密的演算法的雛形。

此時期中，**部落格**[54]關注過一個又一個激發人們怨恨政治及金融**體制**的庶民議題：政治人物貪污腐敗、大企業以小股東的權益為代價濫權舞弊、勞動環境脆弱。針對這些主題，**部落格**不僅僅譴責現況；恰恰相反，它開出了過度簡化但卻具體的藥方。它給人一種印象，若非義大利被一幫左派右派沆瀣一氣、只為自身利益行動而犧牲人民的犯罪集團所掌握，問題的解決辦法根本近在咫尺。

粉絲社群很快地開始發展；他們希望將人們組織起來，走向**部落格**外。卡薩雷吉歐饒富興趣地關注了二〇〇四年美國總統初選出現的第一位「數位」候選人——民主黨霍華·迪安（Howard Dean）的競選活動。和迪安一樣，他決定鼓勵格里羅的門徒採用「Meet Up」這個平臺——一個讓人不管在線上或是現實世界都能輕易組織談話與聚會的軟體。「格里羅之友」的團體因此迅速地在義大利各地紛紛興起。

54 以黑體標示的「部落格」皆指beppegrillo.it這個五星運動動力來源的部落格。

這最初的階段中，信眾完全是自由的。他們可以隨心所欲地組織、聚會、發起任何倡議。卡薩雷吉歐調教出的這部機器迅捷、清新，與舊政治形成殘酷的對比。「二〇〇七年的時候，」第一代粉絲馬可．卡內斯特拉里（Marco Canestrari）說，「要透過政黨參政，你一定要遵守一堆對習慣網路辦事速度的世代來說，無法理解的規則以及儀式。首先，你必須選擇加入哪一邊，右派還是左派，這幾乎跟政策內容無關；然後，你得決定你要屬於哪個政黨、陣營、利益團體；接下來的幾年間，你得在地方層級慢慢晉升，最好的狀況下，你必須在國會找一個『主保聖人』背書。**部落格**傳達的訊息講白了則很不同：要從政，那就不應該加入政黨，花好幾年等待開花結果。透過在**部落格**發表評論、散播貼文，你可以在一天裡的任何時刻從政。從一開始，效益就能有所指望。」

以這個說得動聽、即刻有效、跟得上時代的承諾為基礎，也憑藉以格里羅的熱力撐起的、滿溢激情又窮追猛打的內容，**部落格**的影響力以令人目眩之姿擴張。二〇〇七年初，卡薩雷吉歐歡慶評論數達到百萬；「Meet Up」上，他們的團體也成長到幾百個，滿溢著新鮮的活力以及各種倡議。與此同時，年老的羅馬諾．普羅迪（Romano Prodi）[55]領導著跌跌撞撞的中左翼聯盟，從年老的貝魯斯柯尼（Berlusconi）手中，以跟十年前一模一樣的方式，接過執政的權柄。義大利似乎被困進了永無終止的楚門世界中，完全相同、永不換人、益發疲憊的演員紛紛重登舞臺，旋轉木馬般循環接力，到頭來，什麼都沒改變。

《晚間郵報》的兩名記者出版了一本狂銷破百萬冊的書：《種姓》（*La Casta*），這本書成為了庶民挺身對抗精英的宣言。書中豐沛的細節讓人們得知了政治人物這一階級，下至市議員、上至義大利共和國總統，所有的特權。這些特權助長了選民的憤慨，選民們在**部落格**上寫下的評論也日益狂熱。卡薩雷吉歐感覺到是時候了。是時候將格里羅的信徒積累的憤怒從虛擬面向釋放出來，給它一個街頭上的實體發洩管道了。

55 義大利中間偏左政治人物，曾於一九九六至一九九八年、二〇〇六至二〇〇八年兩度擔任總理。

義大利人的集體意識中，九月八號是有所象徵的一天：一九四三年的這一天，義大利宣布停戰，向同盟國投降。因此，當二〇〇七年晚春，格里羅（卡薩雷吉歐）撰寫了一篇激情的貼文，呼召「**部落格**的人民」在同年九月八日集結，如此舉動在暗示什麼就令人難以忽略了。

為此，格里羅採取了特別抒情的語言——

「九月八日有著特別的氛圍，」他寫道，「政治上，龍捲風即將襲來，它蓄勢待發。一九九二年，義大利原本能改變的，卻失敗了。政治遊說、黨同伐異及黑手黨贏了。第二共和甫出世就已死亡……龍捲風旋轉呀，旋轉。它散發出朽木、絞索、冰雹，以及暴雨的氣味。義大利是一具壓力鍋，這次一旦爆炸，它會殺了所有人，甚至可能毀滅國家……夏天會非常熱。然後，九月來了，『去你的之日』（Vaffanculo Day）[56]來了，我們也叫它『V-Day』。它不偏不倚地落在諾曼第登陸的『D-Day』與「血仇」（Vendetta）[57]的『V』之間。九月八日週六，『V-Day』將在義大利的廣場上舉辦，為的是提醒我們，一九四三年至今，什麼都沒改變。昨日，國王出逃、國家潰敗；今天，政治人物仍然高踞宮殿之中。『V-Day』將是帶來訊息、人民參與的一天。想參與，就請密切關注**部落格**。」

標題吸睛、洋溢純粹的仇恨，「去你的之日」的呼召幾秒內就開始人人廣傳，在網路上瘋狂散播，遠遠超過了「Meet Up」愛好者的範圍。

只有傳統媒體渾然不覺。「去你的之日」到來的前一週，格里羅試著召開記者會說明這個行動。可是，記者會被迫取消，因為只有一個地方日報的記者回應這個邀請。活動前幾天，報紙一行都沒提及、電視節目一分鐘都沒談到這場示威。

然而，九月八號，波隆那主廣場大爆滿——如是光景已久違了好幾年。義大利全境另有兩百個廣場同樣擠滿了前來共襄盛舉的支持者，對著壓迫義大利人民的腐敗政客階級吼出響徹雲霄的「去你的」。超過三十萬人簽名支持「乾淨議

56 仿擬盟軍登陸的D-Day，意指行動發起的那天。Vaffanculo是義大利粗話，意思是「去你的」、「去死吧」。

57 指某些地區存在的為家族恩怨彼此復仇的文化。

會」——該倡議每位議員最多只能連任一次。

這大大震撼了既有的政治體制。沒人預料到會有如此龐大的運動出現。二〇〇七年，網路對大多數由祕書管理電子信箱的政治決策者來說，仍是或多或少略顯陌生的創造物。

從這時起，格里羅的身邊捲起了媒體瘋狂的旋風，它們亟欲了解這一現象；政治界也為之著迷，以饒富興味又帶著擔憂的眼光望向擠滿狂熱選民的廣場。當時，格里羅與卡薩雷吉歐還想像不到他們能夠直接參與政治。他們仍然認為應該把這股動員的力量投入到政治競賽的傳統賽場中。

不久前，卡薩雷吉歐才跟安東尼奧．迪．彼得羅（Antonio Di Pietro）培養了特殊的關係。身為「潔淨之手」行動中的法官代表，彼得羅成立了自己的政黨，成為羅馬諾．普羅迪的中左翼聯盟盟友。從此之後，卡薩雷吉歐與格里羅這一對政治伴侶主要關注的，是新成立的義大利民主黨——為了將中左翼主要的政治力量集結進一個大的政治容器而組織的政黨。其實，格里羅跟卡薩雷吉歐都不能算是左派，不過在這最初的階段中，他們大部分的信徒都來自左派，特別是那些心繫環保與勞動議題的年輕人，他們遠離傳統政治，對貪污腐敗帶來的揮霍浪費憤慨不已。

然而，左派對於這一對政治伴侶的主動接近並不太領情。普羅迪撥冗給予他們半小時的會談（「他一直閉著眼睛，感覺像在睡覺。」格里羅後來如是說），當格里羅請纓投入新成立的民主黨的初選，他就被請了出去。「如果他要幫自己成立一個黨，就自己參選然後得票就好啦。」義大利民主黨一員大老如此表示，渾然不覺自己預言了未來。

這就是為什麼格里羅與卡薩雷吉歐決定自力更生。況且，擁護者的熱情已經再也無法抑制。某些人投入地方選舉，列名於或多或少算是自願的「格里羅名單」上。這股狂熱恐怕真有可能脫離創造它的主人所能掌握。

卡薩雷吉歐著迷於控制與掌控。他花了好幾年的時間研究歷史上的大征服者，特別崇拜成吉思汗。成吉思汗統御了一個建基於強大訊息系統的帝國，有能力將命令傳遞到每個角落。他傾心於這位蒙古皇帝挑選官員的方式：飽經考驗的忠誠度比出身和經驗更重要。

至於卡薩雷吉歐他自己，也培養出一模一樣的強大意志去制裁任何形式的不服從。「見微知著，當斷則斷！」他像唸咒般不斷重複。無法讓他感受到百分百擁護領袖願景的人遭到了驅逐。

老卡薩雷吉歐與他的兒子大衛．卡薩雷吉歐（充滿幹勁的網路與病毒行銷專家）調教出了五星運動的組織模式：這一個架構表相開放、立足於基層參與，實際上卻完全由高層封鎖與控制。

在一本深受其父啟發的書中，小卡薩雷吉歐將社群網路比作螞蟻窩。「螞蟻，」他寫道，「遵循著為每隻蟻量身訂做的一套規則。這套規則確立了一個很有組織但缺少中心的結構。每隻螞蟻都對整體情勢、對牠移動的空間，以及對其他螞蟻做出反應。」

這個系統是自己組織起來的沒錯，但它並不排斥裡頭有個造物主。這個造物主從高層觀察著螞蟻窩，決定它的走向。「某區塊的互動資訊，」小卡薩雷吉歐繼續寫，「讓人能夠理解一個逐漸浮現的系統；可能的話，還能調整它。好比說，當我們知道了螞蟻遇見了一定數量的、和牠們從事相同任務的螞蟻，牠們就會變換工作，我們就能理解牠們的決定。」

可是，這如果要行得通，還得滿足三個基本條件。

「參與者必須要多。彼此的邂逅必須不期而遇。然後，他們必須對整體系統的性質渾然不覺。一隻螞蟻不應明白螞蟻窩如何運作，否則所有的螞蟻都會想去搶占最好的與最輕鬆的工作。如此一來，協調合作就有了麻煩。」

以這些思考作為基礎，卡薩雷吉歐父子打造了他們的運動——一個複雜的、看似拒絕中心的組織，裡頭任何一隻螞蟻都不應得知整體的計畫以及其他螞蟻的角色。這兩樣資訊只有一個身在此山外、無所不知的造物主能掌握。這樣形容可能太簡化、太誇張，但這不折不扣就是二〇〇九年十月四日，格里羅在米蘭一間劇場中介紹新成軍的五星運動登場時，它所賴以為基的原則。

根據這位喜劇演員一向栩栩如生的語言，五星運動是一個「不協會」，由一份「不規章」所支配，它的第一條宣布，「五星運動代表了一個平臺、一套交鋒與諮詢的方式；此方式以『www.beppegrillo.it』此一部落格為其起源與核心。聯繫五星運動的唯一管道是『movimento5stelle@beppegrillo.it』此一電子信箱。」

實際上，五星運動不是個政黨，也不是個協會，而恰恰是一個格里羅和卡薩雷吉歐所擁有的部落格，以及連結同一網址的電子信箱。誰控制了這個平臺，誰就能完全掌握五星運動的生命。還有，「不規章」的第三條規定了五星運動這個名銜將佐以一個「名為畢普．格里羅的註冊商標，格里羅是唯一的商標使用權擁有人」。

這樣一個掌控在私人手中的架構，在幾年間又針對法律面做了幾次調整，但至今沒太大的改變。如今，五星運動是義大利的最大黨，總理與大部分在位的部長都出自它的麾下。然而，它的架構大致上仍幾乎掌握在某些人手中——控制它的，是詹羅伯托．卡薩雷吉歐的兒子與繼承人，大衛．卡薩雷吉歐。

從一開始，大家就在這點上大大誤解了五星運動。對基層的運動參與者來說，網路是參與的同義詞，網路是用來把權力從職業政客集團手中奪回給一般人的、民主革命的工具。但對卡薩雷吉歐和格里羅的雙巨頭統治所體現的五星運動精英來說，事情並非如此：首先，網路是控制的工具；網路是由上而下發動革命的媒介，它接收大量的數據，作為商業、尤其是政治目的之用。

讓我們回到二〇〇九年秋天。從一開始，這嶄新政治運動的組織模式（與「基層參與」這樣的修辭背道而馳），讓它的主人能以鐵腕引導參與者的創造。運動的參與者都是螞蟻，不准批評、不准自己提出倡議。透過**部落格**，大家直接連結**中央**，但不准和其他螞蟻建立連結。偏離計畫路徑的個體皆遭到殲滅。

數百位支持者就是如此，他們通常是最熱血的，因為不服命令而遭卡薩雷吉歐驅逐，過程簡單粗暴。五星運動既非政黨也非單純的協會，所以，只要輕輕一鍵就能將叛徒逐出**部落格**。很快地，他們一覺醒來，就再也無法上線登入平臺了。有時，格里羅的律師也會寄信來禁止他們使用五星運動的標誌——該標誌是格里羅獨占的資產。

不服從的螞蟻遭到殲滅；相反地，最聽話的成員有機會獲得豐厚獎賞。隨著五星運動正式成立，格里羅不再是「去你的活動」唯一的發言人。卡薩雷吉歐事務所的辦公室中，人們測試著其他的面孔。這些面孔大多是沒有任何政治或專業經歷的年輕人，在網路上有搞頭，同時可以完全由上層操縱。他們之中表現最好的，也就是在臉書或其他社群網站上聲量最大的一群，為**部落格**所晉升。他們很快就達到了幾十萬人，臉書上後來甚至超過了一百萬人。他們的貼文和影片必定會提到格里羅的**部落格**與卡薩雷吉歐的其他網站，又連回格里羅自己的貼文和影片，開始為這個政黨與企業的複合體賺取可觀的廣告收入。

「我們正創造著真實人生中的吉祥物。」卡薩雷吉歐興奮地說。對他而言，五星運動的領導階級由沒有任何經驗與能力、令人不敢置信的人物組成，有著雙重好處。第一，他們是些簡簡單單就能操縱的吉祥物，若有需要，換掉也很容易。第二，這些人讓記者和政敵樂開懷的無知、粗糙文法、經常失言，反倒讓他們更有人味，大家認為卡薩雷吉歐創造的這些吉祥物離庶民近、離權貴遠。

二〇一二年起，其他網站加入了「beppegrillo.it部落格」的行列。它們之中有類似網路電視的La Cosa，以及線上新聞網站Tze-Tze，以人氣為基礎挑選新聞來發布。在這個階段中，五星運動製造的另類事實有了質的飛躍——卡薩雷吉歐為平行事實建立理論已經很久了。對格里羅的信徒來說，再也不必離開同溫層、倚賴傳統媒體了。卡薩雷吉歐事務所生產著消息，再透過自己的管道散播。這些消息全是為了在臉書或其他社群網站上病毒式瘋傳而量身打造。標題吸睛、時常迷惑人，有時粗暴過火，它們差不多都以相同的詞彙開展——「可恥」、「壞消息」、「這，是義大利」、「你們會很火大」、「我們受不了了」、「結束啦」。一開始，他們就預先召喚想要激起的負面情緒。接著，給出有時為真、時常為假的消息後，他們邀請受眾參與——「分享出去！」、「請廣傳！」、「轉貼到爆！」。挑選這些消息唯一的標準，當然，就是點擊數。

激起最強烈回應的新聞，他們會再次強調、重新發送、深入討論。這些新聞成了五星運動在政治論述及倡議上最偏愛、最得力的主題。最無聊卻往往最重要、最如實報導的新聞則退到底下，把版面拱手讓給或真或假的陰謀與貪污的爆料揭發。

卡薩雷吉歐的科技政治複合體誕生三年後，已是成熟、發展完善的創造物，有能力從義大利政治體系避無可避的衰敗中謀取最大的利益。在羅馬，當貝魯斯柯尼為性醜聞及二〇一一年的金融風暴擊垮，不得不宣布下臺；取而代之的，是一位氣質冷冰冰的教授，說話時滿滿的學術味，實施著幾乎所有列席議會的政黨都支持的撙節計畫。格里羅給這位馬力歐．蒙蒂取了個綽號叫「撙節蒙蒂」，是五星運動不可多得的攻擊目標。

每一天，格里羅的**部落格**與卡薩雷吉歐星系的其他網站都重彈一樣的論調。

「他們全都一樣。」、「他們已經毀掉我們啦!」、「把他們送回老家!」經濟全面衰退、失業率高達百分之十三、稅負沉重得破了紀錄，義大利人一天比一天更習慣五星運動簡單粗俗的軍令。幾個月間，五星運動成了義大利半島唯一貨真價實的全民政黨，無論南北、老少都廣受各族群歡迎，左派與右派的選票它左右逢源地攫取。

就這樣，二〇一三年的選舉到來了，五星運動斬獲了快九百萬、百分之二十五的選票，成為義大利得票率最高的政黨。這是格里羅與卡薩雷吉歐這對奇異政治伴侶的勝利，但也是他們衰敗的開始。

選舉之後，五星運動的創辦人仍能強硬決定黨的路線:永遠維持純潔，永不組織政黨聯盟以便執政。義大利民主黨邀請五星運動加入多數政府，五星運動拒絕了，驕傲地繼續當個反對黨。五星運動儘管已經進入體制，態度仍不改變。他們的目標仍然是以**卡薩雷吉歐製造**的直接民主的名義，內爆代議民主的根基。

對卡薩雷吉歐來說，五星運動這一百六十三位國會議員是（而且必須一直是）螞蟻。「他們是來為五星運動服務的，」他說，「他們不該搞政治。他們只是計畫所運用的工具，他們應該遵守自己簽名同意的規則。就這麼簡單。」從第一天開始，加諸這些議員身上的凌辱與控制數不勝數。好比說，他們要求議員們將電子信箱、臉書與其他社群網站的個人密碼上繳卡薩雷吉歐事務所，議員們的數位生命（造物主眼中唯一真正算數的部分）遭全面控管。

與此同時，畢普．格里羅對議會與民主體制發出怒吼：從「空洞的毛毛蟲」到「鮪魚罐頭」，提到形容議會的詞彙，格里羅創意滿滿的勃勃興致已經攻頂很久了。早在二〇一〇年秋天，五星運動就組織了第一屆的「淡菜日」（Cozza-day），「格粉們」[58]羅馬來相見，齊聚眾議院。「不僅判決確定有罪的該滾，」格里羅在他的部落格宣布，「還有躲在宮殿裡的。跟淡菜一樣黏在他們的特權上面。他們連讓我們扔幾個小錢施捨都配不上，這太抬舉他們了。他們只配得上肉挑掉的淡菜殼，我們給每個殼一個議員的名字……這些殼我們可以丟在那位議員經過的路上，或放在議會的階梯上，就當我們邀請他們滾蛋。」

五星運動選上了一百六十三位議員，還是無法讓格里羅採取比較溫和的語氣。剛好相反，他形容這些議員的當選是「進軍羅馬」，說法令人想起一九二二年墨索里尼的奪權[59]。在**部落格**的一則貼文裡，他則寫道，「國會明天就可以關掉了，沒人會注意到的。國會就是一個裝模作樣的幌子、一座死人的紀念碑、第二共和發臭的墳墓。」

但五星運動針對民主機制的狂暴攻擊，不過是體現了卡薩雷吉歐的機器不斷地全面注入政治辯論的言語暴力。義大利的記者和評論家很快就發現，就算只是撰寫一份針對五星運動的文字，他們無一例外就得面對的，不是排山倒海的批評（這還算正常的）而是撲天蓋地的辱罵。

58 Grillini是義大利文的新鑄詞，意為「格里羅的粉絲」，依臺灣政治的語言脈絡，譯為「格粉」。

59 一九二二年，義大利法西斯首腦墨索里尼在其政黨國家法西斯黨選舉慘敗後決定武裝奪權，發動支持者「進軍羅馬」，最後政變成功。

二〇一三年底開始，**部落格**創設了一個獻給「今日記者」的專欄：大體說來，就是一位批評過五星運動的記者，如何在大批大批的**格粉**面前被揪出來，成為義大利傳媒欺瞞又腐敗的實例。並且無一倖免地，成為網路侮辱以及威脅的目標。

而無國界記者組織在年度報告中揭露自二〇一五年起，五星運動是義大利新聞自由限縮的因素之一，也就並非巧合了。兩年後，該組織如此寫道，「記者蒙受暴力（言語與肉體的恐嚇、挑釁，以及威脅）的程度令人恐慌。尤其是畢普・格里羅一類的政治人物，他們毫不猶豫就將他們不滿的記者之姓名公諸於眾。」

雖然並非所有的五星運動追隨者都參加了數位法西斯民間行動隊，所有的政黨中就屬五星運動擁有最好戰的門徒；然而，幕後真正刀光劍影的，是針對數據的鬥爭：卡薩雷吉歐事務所透過超過十年的部落格活動，以及從其他網站、從五星運動一眾吉祥物的社群媒體所蒐集的數據。

在一部調查報導著作中，五星運動的前國會聯絡人尼可拉・畢翁多（Nicola Biondo）及詹羅伯托・卡薩雷吉歐二〇〇七到二〇一〇年的左右手馬可・卡內斯特拉里首度揭開不為人知的陰暗面。根據此報導，充斥五星運動內部的私密日常、決定了卡薩雷吉歐一家、畢普・格里羅以及不時跑到幕前招搖的新銳吉祥物們彼此間關係的，主要是為了掌控數據所開展的廝殺。與所有政黨都有的權力鬥爭相比，五星運動的鬥爭，其特色是完全不公開，並有個歐威爾式（orwellien）的目標——控制追隨者的思想。很少有追隨者對此有所覺察。

一方面，這些數據坐擁商業價值。「卡薩雷吉歐事務所，」畢翁多及卡內斯特拉里寫道，「不是慈善組織，而是有限公司。它對掌控數據有昭然若揭的興趣：掌握跟五星運動有往來之人的『概要』——他們是誰、住哪裡、票怎麼投、捐多少錢，對上述資料的掌握擁有不可限量的潛在商業價值。」

另一方面，五星運動的選戰共識表明，數據業已成為龐大政治競賽裡關鍵中的關鍵。五星運動之內或之外皆然，對有統御一黨野心的人來說，掌握註冊選民或議員對某塊地區、某道議題的看法，是個深具競爭力的優勢。因此，如果路易吉·迪·梅歐或其他人想要接掌五星運動，他們就得有管道取得數據。好比說，知道議會黨團中誰遵守、誰違反黨意投票；誰投贊成、誰投反對無證移民除罪化；誰投贊成、誰投反對同性伴侶法，就可以造成差別。

即便五星運動已成為義大利第一大黨，憑藉對數據實施絕對的控制，卡薩雷吉歐仍一手獨攬他政治創作的獨家控制權。如此一來，他就可以繼續開展他的政治實驗。

二〇一六年春天，五星運動終於有機會實現將公共事務數位私有化的計畫。民主黨籍的羅馬市長因著一連串的醜聞被迫下臺，五星運動在接手市政上占盡先機。維吉尼亞·拉吉（Virginia Raggi），一位名不見經傳、毫無行政經歷的律師被卡薩雷吉歐相中，投身六月登場的市長選舉。

然而，在**造物主**的藍圖中，拉吉同樣只是單純的吉祥物：將要統治這座永恆之城的，並不是她。成為候選人前，這位未來的市長萬分保密地簽署一份契約，契約裡提及「市府高層的行政提案以及複雜的法律問題，必須優先遵守五星運動負責人指派的工作小組所做的技術與法律決議」。同一份契約第4a項明令的「資訊揭露與公民參與的官方工具」並非羅馬市政府的官網，而正是「www.beppegrillo.it」這個部落格。第4b項則規定市府的公關小組必須由格里羅與卡薩雷吉歐任命。如果市長違反了這些條款，拉吉簽下的這份契約將對她課以十五萬歐元的罰金。

根據義大利的法律，這種合約無庸置疑已經違法；如果市長決定訴諸法律反攻，該合約勢必將遭宣布無效。然而，這種合約竟然真的存在，而羅馬未來的第一公民還毫不遲疑接受了，又一次坐實了卡薩雷吉歐實驗的歐威爾式本質。

不幸的是，對卡薩雷吉歐來說，他已經來不及見證羅馬的試驗實現，也看不見兩年後全國選舉的勝利了。他身罹重病，最終於二〇一六年春天，在米蘭的一間診所裡熄滅了生命之火。他以化名「孤獨者詹」（Gianni Isolato）就診。這又一次證明了，政治裡沒有圓滿大結局。

在離世的前幾天，他在醫院病床上倒是安排了繼承事宜，將義大利的最大黨當成遺產，留給了兒子大衛・卡薩雷吉歐。於此場合之中誕生了盧梭協會，成員只有兩個人：行將就木的父親，還有以協會終身主席形式繼承權柄的兒子。

這剛剛成立的協會，它的目標是「推進數位民主的發展、協助五星運動」。實際上，根據五星運動新黨章的第一條，盧梭協會永遠掌握五星運動所有的資訊工具。五星運動跟北歐的海盜黨及其他為了電子民主而奮鬥、一以貫之仰賴著完全開放透明的**開源**平臺的政治力量背道而馳，在最徹底封閉的黑箱中做出決策。身為整個政黨的生命基礎的網站為一個宮闈深鎖、家族企業老闆之手般的協會所擁有。不管是程式碼、還是一切規範著平臺運作的元素都沒有公開。盧梭協會正是一個黑箱：所有公職選舉的初選勝出名單、決定著手哪個計畫主題、表決要不要驅逐某某異議分子和諮詢網民意見後公布的結果，一概操之於小卡薩雷吉歐的意志，沒有任何人能監管。

於此，我們見到近年來五星運動不斷下跌的網路投票參與率，也就不意外了。如今，送到會員手上的諮詢議題只消幾個按鍵就能決定。**造物主**死了，格里羅這個小丑克盡了卡薩雷吉歐父子首席御用吉祥物的責任，被打發到邊疆去了。全部的權力目前集中於小卡薩雷吉歐之手，他異常低調、殘酷無情地運使著權柄。

老卡薩雷吉歐這位父親本質上是個天才自學家，兒子卻擁有義大利首屈一指的私立大學——博科尼大學的商業經濟文憑。小卡薩雷吉歐害羞，做事有條不紊；棋藝精湛，熱愛潛水。他並沒有繼承到父親理想主義者的本質。根據周遭人的說法，小卡薩雷吉歐尤其感興趣的，是做生意。對他來說，五星運動是一種打通政府關節的超級部門，能夠開啟義大利所有的門，甚至連國外的門也打得開。

二〇一八年三月四日的選舉後，五星運動自命為政府本身，但這並沒有實質改變五星運動的操作手法。小卡薩雷吉歐在幕後巍然不動，在政治決策者的位置安插親信，與五星運動、更與政府相關的戰略決定沒有一樣不經過他的辦公室。

這個政黨的前臺呢，則擠擠攘攘——企業複合體離譜的吉祥物，總理孔蒂先生、五星運動的暫時領袖迪馬尤、眾議院議長羅伯托・菲喬（Roberto Fico）、游擊手亞歷山德羅・迪・巴蒂斯塔（Alessandro Di Battista）。他們每一位都能依政治情勢或企業利益的需要，輕鬆撤換掉。此外，為了讓大家都識時務，五星運動規定任何議員都不能做超過兩屆的任期。

面對這前所未有的景況，對一個西方民主政體來說，我們至此得以了解詹羅伯托・卡薩雷吉歐最初的直覺是何等強大——決定創造一個建立於類比與數位分量均等的聯合政治運動。此前，類比與數位的結合從未誕生過如此令人恐懼的政治綜合體。

與既有的政治體制相比，這個組織擁有兩個爆炸性的特質。

首先，五星運動的使命顯然是極權的：它想要代表的不是一個黨，而是**人民**全體。老卡薩雷吉歐並沒有把五星運動設計成要去加入代議民主的競爭，他認為代議民主已經過時了。他設計的五星運動，是用來將義大利引領至嶄新的政治制度——直接民主。在直接民主中，民意代表消失了，因為透過一套常設的、延伸到社會生活所有層面的線上諮詢程序來做出所有決定的，正是公民本身。

第二，與它極權的渴望相呼應的是，五星運動並不和傳統政治運動、而是和Google的網頁排名以相同的模式運作。它沒有願景或藍圖，也沒有任何務實的內容。它是一套單純的演算法，它誕生的目的是憑藉「有搞頭」的主題以攫取共識。如果移民是個強力的議題，那麼五星運動就以最庶民、最受歡迎的立場投資它，也就是如今與聯盟黨類似的態度。歐元議題和金融議題也都一樣。如果民意對某些議題的看法往相反的態勢演變，五星運動就會毫不留情地改變立場；這樣的轉彎業已發生了許多次。老卡薩雷吉歐設計出的演算法政黨只有一個目標，就是迅速而有效率地滿足政治消費者的需求；如此的營利心態一直是這個政黨企業複合體的基石。在《晚間郵報》某次專訪中，大衛．卡薩雷吉歐談到五星運動，講得就像它是間連鎖店，「我們確保最佳的服務。要把公民的訴求帶到體制內，我們更有效率……老舊的政黨政治和百視達差不多，我們則像是Netflix。」

第3章

瓦爾多熊征服地球

二〇一三年二月二十五日，一個不可思議的巧合讓這天青史留名。同一天，五星運動第一次參與選舉並躍為義大利得票率最高的政黨，囊括了百分之二十五的選票；英國電視頻道Channel Four則播送了一部影集，裡頭的內容比任何政治社會學的文章更能清楚解釋五星運動此一現象。影集《黑鏡》（*Black Mirror*）當晚這一集的開場，瓦爾多（一頭藍色小熊的合成影像）與主持人一起主持沒營養的脫口秀，開品味低劣的玩笑嘲弄本日來賓。藏在這個虛擬形象背後的是三十幾歲、人生受挫的傑米，瓦爾多套上了傑米的動作以及他貧瘠的想法惡搞來賓，包含驕傲的保守黨籍前文化大臣里安．孟羅。

過了一陣子，脫口秀製作人發現這頭熊漸漸紅了，「大家想再多看一點瓦爾多。」機會來了，保守黨某位議員由於戀童醜聞被迫辭職，里安．孟羅為了接替他的位置披掛上陣參選。製作人就想，為什麼不到處跟蹤孟羅、奚落他的競選活動？或者這個點子更好：為什麼不讓瓦爾多直接和孟羅面對面？

選戰初期，瓦爾多連孟羅最細瑣的事情、最微小的舉動都緊咬不放，嘲笑他、辱罵他；孟羅試著視而不見。然而問題在於，這頭熊讓大家看得很開心。牠令人發噱，和說話像公式的政治人物不同，不用話術塗脂抹粉打太極。在人民的支持下，瓦爾多最終得以參與候選人的公開辯論會。藏身瓦爾多背後的傑米倒是不太情願，「我根本不知道要怎麼回答一個正經的問題。」他說。「但沒人叫你這樣做啊，」製作人再三叮嚀，「你呀，就是個搞笑的插曲。」

辯論過程中，孟羅試著一刀斃命這頭誇張奔放的玩具熊。「牠出現在臺上，貶低了我們的民主」，他大吼，「牠只是個動畫角色，除了開開幾個玩笑，沒有任何主張。玩笑開完了，牠就開始侮辱人。藏在牠背後的，是一個失敗的演員，三十三歲了，人生一事無成。說啊，如果你有什麼主張就說啊，不然就滾回家去，把位置讓給真正的候選人！」

一時之間，瓦爾多動搖了。不過，他馬上就恢復過來。「睜開眼看一看吧，孟羅。你比我還不像個人類，偏偏我是一頭人造熊，有一根藍綠色的懶叫。你們，你們這些政治人物全都一個樣；民主變成笑話，沒人知道民主要幹嘛，這都是你們的錯！」幾分鐘內，瓦爾多的長篇大論就開始病毒式地傳播，襲捲出幾百萬的 Youtube 觀看次數、讚數、轉推數、分享數。

此時，政治評論家也發難了，「大家都受夠了不作為，這頭熊是遭到犧牲的邊緣人的代言人！」瓦爾多開始上那些最最正經的節目；當主持人假裝對牠的無禮與無知感到憤慨，牠就回嗆，「好了啦，偽君子，是講夠了沒，靠我，你會得到你這輩子最多的分享次數！」

為了催票，瓦爾多的製作人推出了一款 app，它用衛星定位出有去投票的瓦爾多選民，賞給他們一個小玩意和一個笑話。美國某位政治公關顧問聯絡了製作人，「目前，瓦爾多是反政治的，可是在未來，牠可以承載任何一種政治內容！這在全世界都有搞頭！」「就和品客洋芋片一樣。」傑米嘲諷地回他。「對，正和品客一樣。」美國政治公關顧問正經八百接了話。

製作人開始代替謹小慎微過了頭的傑米，為瓦爾多接下演出，還煽動瓦爾多的粉絲做出愈來愈激烈的行動。選舉那一天，瓦爾多以些微票數敗選了，但不重要。今後，瓦爾多現象已經一發不可收拾。宣布選舉結果的一刻，瓦爾多命令粉絲脫掉鞋子、扔向孟羅。被鞋子雨淹沒的孟羅立刻成了眾人瘋傳的新影片中那位非自願的主人公。「這種東西如果變成最大的反對黨，」坐上公務車、穿越著城市，孟羅陰沉地說，「那麼荒謬的，就是這一整個體制了。而這體制很可能確實是荒謬的，雖然正是它建造了這些市街。」

最後一幕發生在幾年後的某個夜晚，一座《銀翼殺手》風格、不知何處的大城市。一隊穿著制服的民兵巡邏隊以警棍驅趕著橋下一群遊民。傑米就在這群遊民中；他在一面龐大的螢幕前停了步，面前輪轉著來自世界各地的影像：亞洲的小學生穿著藍綠色的瓦爾多制服、漆著瓦爾多肖像的軍機。新政權空洞的口號以各種語言的版本迴環交疊、卻又如此清晰：**改變**、**希望**、**相信**、**未來**。反體制成為了體制本身；在狂歡節的面具下，它建立了一個鋼鐵般的政體。

二〇一三年二月，瓦爾多的故事第一次播映，如果觀眾不是義大利人的話，還可能認為這是一個非屬現實的諷刺之作。當時，唐納．川普還是美國國家廣播公司（NBC）一個實境秀魅力四射的主持人；英國、法國、歐洲和其他地方都一樣，來自傳統政黨的傳統政治人物以傳統的方式執掌權力，沒有一點跡象預示著變革即將轟擊到他們頭上。然而幾年後，瓦爾多漸漸在四處各地掌權的現象已昭然無疑。因此，這頭以憤怒、偏執和挫折為食糧的怪異野獸，牠的特質值得我們好好研究。

當代德國哲學家彼得．斯洛特戴克（Peter Sloterdijk）在一本二〇〇六年出版的書中，梳理了憤怒的政治史。他認為，一股勢不可擋的情緒縱橫在所有社會之中；一群無論有沒有理由都認為自己遭受損害、排除、差別對待，或者沒被足夠傾聽的人們壯大了這股情緒。歷史上，提供這股長久累積的巨大憤怒一個出口的，首先是教會。接著，十九世紀末，左派政黨從教會手中接棒。斯洛特戴克認為，左派政黨承擔了「怒火銀行」的角色，把能量累積起來，讓它們不在當下就發洩掉，而可以投入更宏偉計畫的建造當中。這很難，因為這一方面必須不斷地挑起激情與怨恨，同時又要控制這些情緒，讓它們不會在個人層次的事件中糟蹋光，而得以用於實現總體計畫。根據這個流程說明，失敗者變身成戰鬥者，他的憤怒找到了政治的出口。

斯洛特戴克說，如今，再也沒人管理人們積累的憤怒了。天主教不行，它被迫揚棄了末世論的語調、普世審判以及失敗者死後的報償以適應現代；左派也不行，它大致已與自由民主制（liberal democracy，又譯「自由主義民主」）及市場法則和解了。因此，二十一世紀初開始，從「反全球化」運動到市郊的暴動，憤怒以愈來愈缺乏組織的方式表達。

斯洛特戴克出版這部論著的十二年後，憤怒的能量在新型民粹主義的勢力範圍裡重新被組織、表達，已是不爭的事實。從東歐以迄美國，途經義大利、奧地利以及斯堪地那維亞半島，如此的新式民粹分別在各自國家的政治風景中日復一日攻城掠地。暫且不論這些民粹運動之間的差異，他們有一個共同點，就是他們的政治計畫，其第一要務總是懲罰左派、右派的傳統政治精英。這些精英背叛了人民的託付；他們不去服務「沉默的大多數」，卻對自己的小圈圈進行利益輸送，民粹運動如此控訴著。

民粹領袖不只提出具體措施，還為選民獻上一個絕無僅有的機會：投給他們就代表打臉統治者。如是，一份擁護脫歐的傳單印上了英國首相大衛．卡麥隆與財政大臣喬治．奧斯本饜足的笑容，旁邊附一句口號，「讓他們笑不出來！請投脫歐！」至於造勢大會上迎接川普的群眾，則齊聲吼著，「把她關進去！把她關進去！」（Lock her up! Lock her up!），他們指的正是川普的對手希拉蕊．柯林頓（Hillary Clinton）。

遠在古希臘時代，政治煽動家就已經把懲罰當權者當成計畫的第一要項。雖然民粹主義者的其他計畫含糊又不切實際，在制裁當權者這一點上，我們還是得承認他們說到做到。投給他們的人又多一票，或甚至只是民調傾向民粹主義者，凡此種種都夠讓傳統政治精英膽戰心驚。某些人聲稱民粹的烈火燒不了多久，因為民粹化身的政治勢力一旦掌了權，也沒辦法實現他們的承諾。這些人活在徹底的幻想之中。民粹主義革命的核心承諾是要羞辱掌握權力的人；這樣的承諾甚至早在他們掌權的那一刻就實現了。

公眾的怒火有實實在在的緣由。選民認為多元族裔社會的願景威脅到了他們，他們大多數自覺這二十五年來，受精英逼他們死活硬吞的創新與全球化進程所危害了；這就是為什麼他們懲罰傳統政治勢力，轉而投效一個比一個還極端的政治領袖及政治運動。

如果沒有一個物質層面的現實讓新式民粹主義者可以憑藉它步步進逼，我們顯然也就不會在這邊暢談瓦爾多、川普、薩爾維尼、英國脫歐，以及瑪琳．勒朋了。然而，如果我們仔細檢視數據資料，就會發覺現實的因素雖然相關，卻仍不足以解釋此刻發生的天搖地動為什麼規模如此宏大。更何況，事實很單純，它證明了幾乎到哪都一樣，投奔瓦爾多懷抱的，並不是最貧窮、接觸最多移民、承受最多變革的人。二〇一六年的選舉中，川普的選民比希拉蕊的還要富有；在歐洲，排外主義的政黨在移民最少的區域得票最高。

當代這種不信任政治人物的現象有其客觀原因，沒人會說這些客觀原因不重要。然而，有一個外加因素，一樣沒人敢提、貨真價實的禁忌也餵養著它：改變的不只是精英，「人民」也改變了。

美國作家強納森・法蘭岑（Jonathan Franzen）說得好——或許「每個人只顧自己，不知不覺就對精英產生了戒心。」但更可能是因為網路的存在，智慧型手機與社群網站翩然來到，發揮了影響力。矽谷意識型態其中一項核心要素是：別信專家，人民更懂。我們走到哪，真理都在口袋裡；真理的形狀，就是一方小小的、亮亮的、五顏六色的裝置，我們只要輕輕滑一滑、點一點，世界上所有的答案便盡為我們所有——我們每個人都受此影響，無可避免。

我們習慣了需求與欲望得到立即滿足。蘋果電腦的口號說得清楚極了——無論原先的要求是什麼，「這有個app可以搞定」（There's an app for that）。一種入情入理的不耐煩攻克了我們每一個人的心：我們再也不準備等待。Google、亞馬遜和線上餐點外送公司讓我們習慣了這樣的日常：我們甚至還沒講完想要什麼，欲望就獲得了滿足。那又為什麼政治應該跟它們不一樣？上古恐龍等級的政界大老對所有的請願都充耳不聞，他們領導的政府機器拖拖拉拉、毫無效率，我們又怎麼還能忍受如此這般的行禮如儀？

但在拒斥精英以及人民不耐煩的新氣氛背後，有一種作派正在轉變，那就是人與人之間的關係。

我們是社會性的動物，我們的幸福大大取決於周遭旁人是否認同我們。迥然不同於其他動物，人類生來脆弱而缺乏防禦，也沒有特殊能力，誕生多年後仍然如此。降生伊始，他能否成功建立與他人的關係決定了他能否得以存活。這樣的核心要素是社群網站催狂魔般的吸引力基礎。每一個讚都是對自我的慈祥慰撫。臉書的整體架構就建立在被認同的渴求之上，正如臉書第一位股東西恩・帕克（Sean Parker）臉不紅、氣不喘地承認——

「每一次，有人為你按了讚、評論了你的相片、貼文或隨便其他一個什麼，我們就為你注入小小一劑的多巴胺。這是一個接受社會認可、批准的迴圈，像我這樣的駭客完全可以好好利用這種東西，因為它抓住了人類心理的弱點來謀取好處。發明家和創造者，像我、馬克．祖克柏（Mark Zuckerberg）、Instagram 共同創辦人凱文．斯特羅姆（Kevin Systrom）都徹底意識到了。可是我們還是照做不誤。這完完全全改變了人與人、人與整個社會的關係，恐怕還在某種程度上干擾了創造力。天知道這對我們孩子的頭腦造成什麼樣的影響。」

在矽谷，小孩玩大車的狀況遠在班農與卡薩雷吉歐之前就已存在。社群網站這一具超強機器建立在人類心理最原始的動力之上，它不是造來讓我們獲得安寧的。完全相反，它是造來讓我們保持在永遠猶豫、恆常欠缺之中的。西恩．帕克、祖克柏以及其他玩著大車的小孩，他們不可多得的客戶是一個有強迫傾向的人，被一股不可抑制的力量制約，每天要打開社群網站十幾次、甚至上百次，就為了尋找他已有了癮頭的這小小一劑多巴胺。某份美國研究指出，我們每個人平均一天點擊智慧型手機兩千六百一十七次。這種行為已不太是一個心理健康的人會有的，倒比較像一個癮大毒深、嗑入膏肓的毒蟲，整天下來一次次替自己施打**重新整理**與**讚**。

要了解當代的這種憤怒，就要拋開純粹著眼於政治的觀點，進入不一樣的邏輯。心理學家指出，憤怒是「典型的自戀情感」，誕生於孤獨與無力這樣的情緒之中。這就是青少年的特質，他們是一個個活在忐忑焦慮裡的人，總在尋求同儕的認可；每當想到自己達不到、配不上，他們就擔驚受怕。

如今問題就在於，我們每個人在社群網站上都是把自己關在小房間裡的青少年。我們的人生如此平庸，虛擬世界裡卻向我們開展無限的可能；這樣的差距愈來愈大，我們的挫折也隨之愈來愈深。

心理學家同時也說明了，我們完全跟青少年一樣，在兩種讓我們更加挫折的網站徘徊留滯：色情網站和陰謀論網站。對我們來說，陰謀論網站有強烈的魅惑力，因為，終於！它們能對我們的困難給出一個說得通的解釋。它們對我們說，都是別人的錯，別人正事不做，就專門操弄我們，以達成陰毒的目的。「我們將為你揭開真相，」它們繼續說著，「如此一來，你就能夠和那些跟你一樣總算睜開眼睛的人聯合起來！」

陰謀論者總提供似糖如蜜、最動人的訊息。他看透火大的人，了解他的憤怒，然後將憤怒塑造得師出有名：錯不在他，錯的是別人，現在還有機會扳回一城，只要他投身戰鬥。從最微不足道的事開始醞釀，然後引出最強烈的大事。西蒙・倫茲（Simone Lenzi）在一本精美的書中，講述了義大利人如何為一件表面上無足輕重的事而為不滿與憤怒襲捲。「我記得，某天部落格上展開了一場討論，主題是找錢。特別是那些找錢的時候出錯的傢伙。每個人都有自己的經驗：菸草小賣店老闆、賣報紙的小販、藥師、服務生，他們找你錢的時候出了差錯。所有參與討論的人都曾經被少找錢，不過當然囉，沒人被多找錢過。有人企圖從某某某騙個兩歐元，又有人企圖從另一位某某某身上詐個十歐元。菸草小賣店老闆、藥師、服務生、計程車司機，他們全都太超過了，故意找錯錢就為了詐人錢財。不過呢，大聲說不的時刻終於來啦。參與討論的人拒絕再被詐騙。他們不再形單影隻，再也不是宇宙中迷惘的小原子了：他們組成了軍團。耶穌問，『你叫什麼名字？』他回答，『我叫軍團，因為我們人山人海。』」

這個找錢的故事當然是個平凡至極的案例，不過它將網路上百花齊放的幾千個陰謀論賴以為基礎、活力十足的偏執做了充分的印證。

社群網站不是本來就為了陰謀論量身訂做。西恩・帕克與馬克・祖克柏對找不找錢並不特別感興趣，他們也不相信（我猜的）疫苗導致自閉症，或是喬治・索羅斯計畫讓穆斯林移民入侵歐洲。不過，陰謀論在社群網站上有搞頭，是因為他們煽起強烈的情緒、論戰、憤慨，以及怒火。這些情緒生產出點擊率，讓用戶目光緊緊黏在螢幕上。

麻省理工學院最近一項研究表明，平均而言，假消息在網上被轉傳的機率比真消息高了百分之七十，因為大體而言，它散發比真消息還新穎的風味。研究人員指出，真訊息在社群網站要花上比假消息還多六倍的時間才能觸及一千五百人。終於，我們用科學證實了馬克・吐溫（Mark Twain）的金句：「謊言環遊了地球，這時真理還在穿鞋！」

臉書的新員工甫上工就馬上知道公司有個非常重要的參數，叫作「L6/7」——一個測量深度臉書中毒、七天中有六天都會使用臉書的用戶百分比指標。為了提高這個數字，光靠真訊息和老同學之間的情感傾吐是不夠的。「單純賞玩真相的話，消耗的時間不夠多。」資訊工程思想家、虛擬實境先驅傑倫・拉尼爾（Jaron Lanier）寫道，「要讓用戶保持上線，社群網站公司該做的反倒是讓用戶憤怒、讓用戶自覺危如累卵、讓用戶驚慌害怕。最有效的情況，是將用戶推進一個奇異的螺旋，不管是一個高度共識的螺旋，抑或相反，一個彼此衝突的螺旋。如此，永無寧日，而這正是該公司的目標。社群網站公司本身並不主動規畫、安排這樣運用社群的方式。相反地，被鼓動來幹這些骯髒活的是第三方，好比馬其頓的年輕人，他們到處張貼有毒的假新聞以彌補月底的赤字；至於美國人，則想多賺一點外快。」

地球三分之一的人口，也就是二十二億人每月至少使用臉書一次；他們都被捲進了這種商業模式。這樣的牽連關係仍有待更全面的調查理解。不過，業已昭然若揭的是，社群網站普及的其中一個效應就是讓早已現身我們社會的怒火，它的強度被結構性地提升了。

所有研究都表明社群網站會加劇衝突。它們讓論調變得更激進；在某些案例中，甚至成為了暴力如假包換的載體。

在緬甸，非政府組織幾年來持續揭發，臉書上的溝通傳遞在針對穆斯林少數族群羅興亞人的迫害中也發揮了作用。二〇一四年，一名極端佛教徒在臉書上散布關於性侵的假消息，煽起了一系列的私刑。當局不得不封鎖臉書以遏阻一發不可收拾的事態。某項研究分析了幾千則臉書貼文，描繪出一個將羅興亞人貶為非人、真實存在的運動，它倡導用暴力對付羅興亞人，直到種族滅絕的境地。

和我們距離較近的，是《紐約時報》的一份調查報告。透過查考文獻，它揭露了德國的臉書使用與針對難民的暴力之間的關係。研究人員仔細檢視最近兩年紀錄在案超過三千件的暴力襲擊，發現此類事件的數量與臉書的使用率直接關聯。平均而言，熱愛使用臉書的地區，暴力襲擊的頻率也隨之上升，兩者直接相關，不管是鄉村還是大都市，所有的地方皆如此。

至於法國，黃背心運動從一開始就以兩樣東西為糧秣兵馬：特定庶民群體的怒火和臉書的演算法。二〇一八年初，臉書上出現了第一批「火大社團」；反對油價提升的網路請願集結了幾百萬的支持者；還有，臉書上類似「法國火大了！！！」（La France en colère!!!）這樣的社團化身為黃背心運動的消息傳遞組織、合作協調地點。由於缺乏任何的正式組織，誰創建了最多人追蹤的臉書專頁，誰就搖身一變成為黃背心運動的領袖，領受當局的接待、媒體的阿諛。此外，就連拿安全背心當作認同象徵的這個主意，也來自年輕的修車師傅季斯朗・

庫達（Ghislain Coutard）貼在臉書上的一則影片；幾天之內，影片的點閱數就超過了五百萬次。這一回也不例外，速度令人震撼：十月二十四日，影片上線發布；三週後的十一月十七日，三十萬「黃背心」在法國各地動員起來，自動自發組織了示威，造成一人死亡、五百八十五人受傷。

臉書又一次炮製了巨大的相乘效應，它以最雜食、最彼此衝突的養分自我餵養，然後挑旺燎原的怒火；怒火自虛擬的螢幕流淌出來，燒到了現實世界。黃背心運動的基調當然有抗議者合情合理的控訴，他們反對提徵燃油稅，也反對政府的其他措施。可是從一開始，臉書這個加州社群網站狂暴的演算法就把這主題與極左派和極右派的暴動呼籲、假新聞、出處五花八門的陰謀論全都攪在一起。正因如此，一封偽造的法國總統書信廣為流傳，信中總統請維安力量儘管對示威者動用武力。另有細節詳盡的陰謀論指出，共濟會陰謀使法國俯首稱臣。還有自稱是憲法學家的人分析指出，馬克宏當選總統是不合法的。另一個論點也廣泛轉傳：聯合國針對移民議題推動的聯合國全球契約（Global Compact）其實是以消滅白人中產階級為目標的陰謀。這項理論認為，馬克宏會「出賣法國」，在辭職的前一刻於馬拉喀什（Marrakech，摩洛哥大城）簽下這份公約。

想要了解餵養示威者憤怒的爆炸性訊息本質，只要在抗議的日子去「法國火大了！！！」這個臉書專頁晃一圈就行了。它是黃背心運動最主要的合作協調場所，以幾千萬點擊率為傲。這裡有入情入理的論述與「黃背心」成員貨真價實、生活艱苦的見證分享，不斷夾雜針對高薪的民意代表、淪為當權者奴才的媒體的攻擊，更有俄國製造的假新聞以及煽動大家襲擊法國總統府的言論。

黃背心運動韌性十足，能把所有彼此衝突的東西都結合起來。它已經不知道第幾次證明了當代的這種怒火不只源自客觀因素，本質上是經濟面或政治面的問題。它同時也源自前文所觀照的兩大趨勢的匯聚。首先，在政治提供的選項這一方面，傳統上疏濬庶民怒火的組織，也就是斯洛特戴克所說的「怒火銀行」，包括教會與群眾路線的政黨，全都式微了。其次，再從需求面來看，新型媒介半路殺將出來，為了激化極端群體的熱情簡直不擇手段——事實上，它們就是不擇手段沒錯。專研當代政治哲學的法國哲學家瑪席琳・瑪耶佐（Marylin Maeso）精準地定義它們——「懦夫的鬥陣俱樂部」。

混亂工程師真正的才華，在於他們能在這兩大趨勢的匯聚裡精準卡位。阿圖・芬克爾斯坦就是其中一位，他是匈牙利總理奧班・維克多的大顧問。對於二○一一年春天以降的情勢，他如是描述——

「我在世界各地奔走，到處看見熊熊燃燒的怒火。匈牙利的『尤比克爭取更好的匈牙利運動黨』（Jobbik Magyarországért Mozgalom）憑藉『都是羅姆人的錯』的主張就贏得了百分之十七的選票。法國、瑞典、芬蘭也發生同樣的事。在美國，怒火則聚焦在墨西哥人與穆斯林身上。所有人發出同樣的一聲吶喊，『他們搶走我們的工作，改變我們的生活方式。』對更強力的政府、更強力的領袖的需求就這樣誕生了；如此的政府與領袖『阻止這種人』，哪管『這種人』究竟是誰。他們暢談經濟，但他們政治生意的核心完全不是經濟，而是憤怒。這是一股正在全球各地滋長的強大能量泉源。」

所以說，混亂工程師搶在別人之先就已明白，憤怒是一股無與倫比的能量之泉；一旦我們知道怎麼解碼、掌握技術，運用憤怒之力就能完成任何目標。

瓦爾多只不過是社群網站的政治投射。牠是一具可怕的機器，以怒火為糧，只有一個理念：讓更多的人變成黨徒。最重要的是，不斷用激起情緒的「火熱」內容餵養牠。

大衛．卡薩雷吉歐位於米蘭的辦公桌後方安裝了一塊螢幕，即時顯示五星運動旗下不同數位平臺所張貼的內容，以及點閱率。管它是正面還是負面、進步還是反動、真的還是假的，全都不重要。他們將討好人的概念好好發展、一講再講；於是，它帶動了病毒式的網路瘋傳運動，最終成為政治倡議。在一個只講求能帶起網路上多少關注、達爾文式優勝劣敗的程序裡，不夠討好的概念就此消失雲端。

二〇一四年底開始，馬泰奧．薩爾維尼的聯盟黨也裝備上了一具名為「猛獸」

的類似裝置。它有系統地分析薩爾維尼的社群網站，以了解斬獲最多回應的貼文跟推特是哪些，來互動的又是什麼樣的人。為了讓「猛獸」有食糧可吃，聯盟黨無所不用其極，好比在二〇一八年的競選活動中，薩爾維尼陣營發表了一款叫作「贏得薩爾維尼」的線上遊戲，用戶只要生產有利於聯盟黨的內容就可以累積分數，最後還有機會與薩爾維尼本人相見歡。所有數據盡入「猛獸」之口，然後化為口號與競選活動自牠嘴中反芻而出；這些口號、這些活動有能力擄獲數十萬、有時甚至數百萬的選民。

和瓦爾多的例子雷同，「猛獸」背後當然也藏了一隻操弄的人手。這隻手是維洛那大學哲學博士盧卡・摩力希（Luca Morisi），他於同校教授了十年的「資訊哲學」，也就是「數位革命如何重新定義西方思想的經典主題」。

如此深刻的思考成果顯然在「船長」宛如墨索里尼2.0的舉止丰姿中清晰可見。「船長」這個綽號就是摩力希為薩爾維尼發想的。「薩爾維尼是在對立之中溝通的冠軍。」他說，「面對瘋狂炮轟他的人，他仍然去接觸他們。他擁抱衝突。透過此舉，他甚至比川普更有能耐招攬到持續關注他的人。去度假的時候，如果你很喜歡某間餐廳，你會在臉書上為它按個讚，但不太可能會再度造訪。薩爾維尼成功的祕訣在於，他總能催化出長久佇留他身上的注意力。最重要的事，就是不能中斷接觸。」

把人拉進來、拉進來、拉進來。斷定有多少本錢的參考依據總是一樣：憑著摩力希的魔力，「船長」幾個月之間成為了臉書上最多人追蹤的歐洲政界領袖，三百三十萬人按他讚。梅克爾有兩百五十萬人，馬克宏兩百三十萬人，川普則坐擁兩千兩百萬人。不過，摩力希補充說明，「在公眾參與熱度這一方面，薩爾維尼贏過川普：一週內，人們為了薩爾維尼按下兩百六十萬次鍵，川普則只有一百五十萬次。」

獲致了如此成果，某些人斷定聯盟黨使用特定程式軟體以及假帳號當作武器。摩力希否定此一說法，「我沒有創建或管理推特或臉書的假帳號來人為提升參與率。」他保證。

相反地，他承認他們創造了有血有肉的代言人。「二〇一四年時，我們創造了『來成為薩爾維尼的發言人』這個系統，對此我們一直津津樂道：用戶註冊後，接受自己必須自動轉貼薩爾維尼發布的內容。他們不是假人，而是如假包換的真人，只不過簽下了空白支票，接受自己在某些情境下去推特上發布某些內容。」這個行動大獲成功。幾萬人（通常是網路新手）響應了摩力希，特別去註冊社群網站，為的是要化身為「船長」的代言人。「不過之後呢，我們擁有了異常堅實的基礎，就算在推特上也一樣，這個基礎強大到我們甚至不再需要這個代言人系統了。」

以數位角度來看無庸置疑的出色成果，有部分要歸功於摩力希精妙的手法。新一代混亂工程師通常創造力都很強，有時那些較傳統的政治公關顧問並不知道的技術，他們卻已運用嫻熟。

在德國，極右政黨「德國另類選擇」（AfD）的競選活動則做到了：選民每次在Google輸入「安格拉．梅克爾」這個名字，第一筆搜尋結果都是固定的一個頁面，揭發著梅克爾在難民政策、德國恐怖攻擊受害者兩方面背叛了德國。

到了美國，川普「低成本」競選活動表面上很單純，檯面下也藏著劍橋分析公司心理統計學的技術，以及最重要的，川普的競選活動得以透過該公司提供的工程師團隊來運用臉書最進階的功能，以收事半功倍之功。此前，希拉蕊陣營拒絕了該公司。

至於巴西，極端民族主義總統候選人雅伊爾．波索納洛的公關人員繞過了臉書對政治內容的限制，直接購買了幾千個電話號碼以便用訊息及假新聞狂轟猛炸WhatsApp用戶。

不過，就算混亂工程師立下了赫赫戰功，瓦爾多真正有競爭力的優勢卻不在科技面。它真正的優勢在於民粹主義的政治宣傳賴以為基的內容本質。

與舊式政治令人哈欠連連的辯論相比，憤慨、恐懼、偏見、侮辱、種族或性別歧視的爭議在網路上烽火連天，生產了更多的關注、更多的參與。

混亂工程師對此心知肚明。安迪·維莫雷（Andy Wigmore）是英國的主權主義領袖奈傑·法拉吉的左右手，也是脫歐兩大陣營其中一個的策士，他一語道破，「我們發布討論經濟的內容，最多就收到三、四千個讚；但如果我們發表煽情文字，每一次我們都會有四、五十萬個讚，有時候還會衝到兩、三百萬！」

至於是不是故意加強刻板印象、煽風點火種族主義、散布傳揚不實訊息才造就參與率，那都不重要。「我們栩栩如生地描寫現實，」摩力希如此辯稱，「沒錯，我們字眼用得很重，不過你會發現，這些情緒其實早就存在人們的心中。」

瓦爾多號稱牠唯一做的事，就是重現人民的想法，然後不假辭色地，用人民的語言將它付諸實踐。如果精英這些人民公敵認為這種語言冒犯人又粗鄙，那更棒。這象徵著他們與人民脫節了，瓦爾多則是人民唯一的代表。不，甚至更好。瓦爾多直接映射出人民本身。

然而，瓦爾多自命為人民之鏡——最壞的那種，牠也就帶來了倍增效應。不管在義大利、川普的美國或奧班的匈牙利，新型態政治宣傳的第一個、也是最主要的效果，是言語及行為被解放了，從此無拘無束。

長久以來，言行粗鄙與人身攻擊第一次不再是禁忌。偏見、種族主義及性別歧視來到了光天化日下。謊言與陰謀成為詮釋現實的關鍵。

而他們卻宣稱這一切是一場神聖不可侵犯的人民言論解放戰爭。人民講個話終於能擺脫全球化又**政治正確**的精英那些壓迫人的規矩。就是這些精英惹出了金融危機、窮苦了庶民階級；最惡劣的是，他們還和非政府組織及猶太人共濟會的政治遊說集團勾串共謀，企圖以來自貧窮國家的移民取代掉本地的勞動力。

一旦怒火出閘，就能塑造出任何一種政治行動。「去發現大家為什麼憤怒，告訴他們這都是歐洲的錯，除了自己投脫歐，也要叫別人投。」一名混亂工程師如是總結原本看似註定失敗的脫歐公投，背後如何以簡單又令人畏怖的策略運籌。「讓我當你們憤怒的掌旗人」——歷史上最令人不敢置信的美國總統候選人就這樣進軍白宮。

這幾年地緣政治的幾個重大變化，背後都能看見瓦爾多輕蔑的笑。這隻藍色的熊一開始看似是個笑話，如今成為時時刻刻改變著世界面貌的重要角色。對列寧來說，共產主義就是蘇維埃與電力；對混亂工程師來說，怒火與演算法結合，誕下了民粹主義。

第 4 章

酸民當老大

二〇〇八年十一月四日，美國邁入了新紀元；至少，當晚我們如此深信。史上頭一遭，美國選出了一位非裔總統入主白宮。深深烙印這偉大國家歷史的撕裂傷似乎終於癒合，民意調查也眾口一詞，「再也沒有種族主義了。」就算在南方最守舊的州，我們也從此找不到任何一位選民承認膚色會影響他的投票考量。花費了三百多年的光陰，美國這個大熔爐似乎終於水到渠成。

然而，同一天、同個夜晚，巴拉克．歐巴馬（Barack Obama）在芝加哥的格蘭特公園慶祝他的勝選；與格蘭特公園大螢幕相距遙遠的所在，截然不同的現象發生了。Google的數據與民調完全相反，揭露了人們真實的想法與行為：在歐巴馬的勝選之夜，某些州在網路上搜尋「第一個黑鬼總統」（first nigger president）的次數超過了「第一位黑人總統」（first black president）。也是在同一個夜晚，種族主義社群網站Stormfront創下了破紀錄的註冊人潮。

再說得具體些，官方歷史宣布種族仇恨已經終結的這一刻，種族仇恨卻正在重新組織，並採用更隱微、更當代的嶄新形式，讓它能在八年之後轟動武林、強勢回歸。當時，所有人對此渾然不覺，可能只有超越傳統政治人物的第六感預知者才能察覺此一現象。從歐巴馬走馬上任最初的幾個月，一切就動起來了，這位有實力動員隱蔽但數量巨大的種族主義選民的預知者，化身為一張最不可能的面孔——唐納・川普。

最不可能的原因，倒不是因為他有一頭金色秀髮、他的事業啟人疑竇、他舉手投足就和演戲一樣；而主要是因為在二〇〇八年秋天，這位紐約建商在非裔及拉丁裔美國人之間備受愛戴歡迎。他從二〇〇四年開始主持、在電視真人實境秀《誰是接班人》（The Apprentice）扮演自己而大獲成功。這檔秀尤其贏得了少數族群的歡心：來自不同族裔的年輕人站到幕前、彼此競爭，就為了在川普無情但公正的審視中成就美國夢。每一集的開場，這位大亨登上漆著自己名字的直升機前一刻，都會轉身對著攝影機說，「我摸透了做生意這門藝術，我把川普這個名號變成最棒的品牌。我是大師，我想把我的知識傳承給一個人。我在找……這位學徒。」

每一季有十六位年輕人為了贏得大師青睞而投身競賽。他們之中的男男女女代表著美國社會的多元性，象徵多元身分的參賽者贏的次數也不算少，好比二〇〇五年秋天，《誰是接班人》將冠軍頒給了藍道爾・品克特（Randal Pinkett），一位二十六歲、年輕亮眼的非裔美國人。這檔真人實境秀簡直是專為活力十足的多元族裔社會打造的宣傳短片，受少數族群盛讚。因此，唐納・川普這時期在非裔與拉丁裔美國人間，比在美國白人間還受歡迎。

不過，二〇一〇年起，這一切註定迅雷不及掩耳地改變。這一年，川普開始抓住一項陰謀論窮追猛打，這項理論當時還只有另類右派中最極端的一夥人談論。該論點認為歐巴馬並非出生於美國領土，自然也就沒資格競選總統。「我對歐巴馬怎麼出生的這檔事有點懷疑，」川普說，「我覺得不能把和我看法一樣的人隨隨便便就當作笨蛋。」「他說他在那裡出生，那裡又沒人認識他。」「這張出生證明有某個東西讓歐巴馬不爽。」就這樣，川普左陰一句、右嘴一句，催生出一個逼迫歐巴馬出示出生證明的政治運動。白宮終於公開了歐巴馬的出生證明，川普竟又加碼，懸賞五百萬美元給能夠提供歐巴馬大學的註冊申請文件原件的人。幾個月之間，他搖身一變成為眾所公認的，總統最極端、最**政治不正確**的反對者。

遠在他正式宣布角逐總統寶座之前，我們在他這項最初的政治操作中已能感受到日後**川普主義**的要素。首先，我們發現了針對滿是偏見與種族主義的傳統白人選民的**野性的呼喚**[60]，這些選民認為歐巴馬的當選違背了天道倫常。川普透過質疑總統的出身，披上合法論述這件狡猾的外衣，其實是要否認黑人入主白宮的合法性。同時，他對鄉村及市郊的白人選民目送秋波。這些白人選民史上頭一次感覺自己在美國政治體制中被排擠到了邊緣。

這起出生證明爭議還有第二個要素，就是陰謀論：在歐巴馬當選總統的背後，我們發現了隱身幕後操弄的權勢以及全球化的精英勾串共謀，這些精英有能力為了達成自己的目標而竄改現實，犧牲善良美國人民的利益。

最後，假新聞是第三個要素。歐巴馬出生於美國領土之外這種論調無庸置疑是個謊言。幾年後，川普自己也毫無困難地承認了：這就是個謊言。不過，川普的政治軌跡從一開始就建立在一件假新聞上，對他來說完全不是個弱點；令人震驚的是，這反倒是他總統選戰的一大王牌。

當川普發動攻擊歐巴馬出生證明的公關戰，沒人想得到這種行動竟然可以成為進軍白宮的跳板。我們身處的，是二十一世紀的美國；二〇四〇年起，白人將成為美國的少數；長久以來，主流文化早已用人唯才，是各大學府、好萊塢、矽谷的政治正確。如此世界中，川普老爺頂多是個不太正經的克羅馬儂人（Cro-Magnon），根本是一九八〇年代的活化石。

然而，有一位人物已在美國政界邊緣遊走一段時間了。嶄新的美國表面上政治正確的共識下潛隱著一道伏流，在數位世界尤其如此；而這位人物他夠敏感、有經驗，能夠搶在別人之先，嗅出這道伏流的蹤影。他是史提夫·班農。他的經

---

60 此處作者用了傑克·倫敦（Jack London）《野性的呼喚》（*The Call of the Wild*）這本小說的典故。小說主角是一隻原先在文明世界生活的狗，後因一串因緣而被迫來到荒野叢林大自然中掙扎求活，最後存活並稱王，同時被弱肉強食的價值觀同化。

歷有一段照理來說不太重要的插曲，但這插曲卻是一個關鍵，深深烙印著他觀看事物的方法。

二〇〇五年，班農離開好萊塢，動身前往香港。他參與了「網路遊戲娛樂」（Internet Gaming Entertainment）公司的組建；該公司的商業模式相當令人好奇。這家公司利用網路遊戲《魔獸世界》（World of Warcraft）坐擁全世界幾百萬魔獸迷的人氣，雇用了幾千位年輕的中國人從早玩到晚，獲得一樣樣只有最專業的玩家才能擁有的虛擬寶物，像是裝備和金幣等。他們將在虛擬世界的收穫轉賣給比較懶惰、想在遊戲裡進步又不想投入所有時間的西方玩家，以兌換真實世界的金錢。

但這就產生了一個問題：這個商業模式讓真正的**玩家**非常火大。他們把電玩當作活下去的理由。對他們來說，購買虛擬寶物而非自己去賺，這等於作弊，傷害了數位戰士人生的榮譽原則。如此這般，虛擬世界發起了猛烈的抗議，暴怒的**玩家**迫使《魔獸世界》官方將那些向「網路遊戲娛樂」購買服務的玩家帳號停權。

對班農而言，此次慘痛的失敗是個機會，讓他發現過去渾然不覺的現實：網路世界裡，幾百萬年輕人（主要是男性）完全沉浸在與真實世界平行的現實裡。他們緊密依戀著這個現實；為了捍衛它，他們隨時能發動強大的火力，火力大到能夠撂倒企業、使巨獸般的跨國公司屈服。這當然是一方無政府的天地，由社群組成；這些社群難以控制、往往深植著厭女與極端暴力的文化，至少他們在虛擬世界裡如此。然而，過去年輕人作為騷動與革命基石的那種能量，有一大部分也移轉到了這裡。很多人認為這種能量業已消逝。其實，它一直存在。只要攔截，就能將它導引到政治之中。

從這一刻開始，班農關注起數位社群。他關注的並非主流的政治正確社群。歐巴馬以這些主流社群為基礎，贏得了二〇〇八年的大選；二〇一一年的阿拉伯之春，這些社群也被視為全球變革的引擎，贏得眾口交譽。但班農關注的，卻是在傳統政黨與媒體探測雷達之外鼓動著的，那些更隱蔽、更端不上檯面的社群，就像4chan、8chan或Reddit那樣的群組，一次次烈火燎原、攻擊著媒體與政府體

制、政治正確的新教條論戰，讓它們聚集起幾百萬的用戶。它們是一個個百無禁忌的小宇宙，唯一的規矩就是講話要誇大再誇大，這樣才能吸引關注，用過激、厭女、種族主義、反猶太主義的發言來衝擊思想主流的人。

與此同時，班農從玩家宇宙的投機冒險中劫後餘生，返回美國與美國新右派最費人疑猜的一位人物——安德魯．布萊巴特，結成同一陣線。布萊巴特是記者、作家，是洛杉磯一對中產階級猶太夫婦的養子。他在進步的氛圍中長大，卻在一九九一年有了政治的頓悟。讓他有如此體悟的，是克拉倫斯．托馬斯（Clarence Thomas）醜聞案。托馬斯是一位反墮胎的保守黨非裔法官，老布希總統（George H. W. Bush）提名他擔任美國最高法院大法官。他被控性侵前同事安妮塔．希爾（Anita Hill）。「我帶著正宗自由派的立場，關注國會如何調查此事。這樣的立場預設了希望克拉倫斯．托馬斯垮臺，」布萊巴特述說，「因為電視新聞的明星主播都說克拉倫斯．托馬斯是壞人，安妮塔．希爾是好人。全國婦女協會（National Organization for Women）也認定托馬斯是壞人，希爾是好人，我也就跟他們站同一邊。我坐在電視機前看著參議院的聽證會，等待著控罪成立的證據，畢竟說到底，這是一場判決。等到那週快過完時，我喃喃自語，他們到底哪時候才會提出證據？很好，我相信希爾，讓我們承認她講的都是真的。然後咧？如果說，她六年的職業生涯中，工作一個個換、薪水一次次加，遇過最糟的事就是撞見一罐可口可樂上面有根陰毛；如果要搞定這件事，她唯一想得到的辦法是召開參議院的公開聽證會，那我們到底在幹嘛？這就是我的覺悟時分，我發現某個東西走鐘了。我就不懂，為什麼那些占盡好處的白人，好比誰，好比泰德．甘迺迪（Ted Kennedy）——泰德．甘迺迪，這位泰德．甘迺迪！——針對一個男的對一個女的做的事，大放厥辭全力譴責的時候，全國有色人種協進會（National Association for the Advancement of Colored People, NAACP）怎麼能夠一副不關我事的樣子，什麼都不幹！這讓我覺得噁心。」

從這一刻起，布萊巴特開始認為美國**體制**充滿著虛偽又精英主義的進步文化，強制規定公眾發言應該這樣那樣講，又無情追殺所有不配合政治正確教條的人。二〇一一年出版的《義憤》（*Righteous Indignation*）這本宣言之作中，布萊巴特梳理出美國左派文化霸權複雜的起源。他認為，一切都從為了逃離納粹迫害而流亡美國的法蘭克福學派理論家開始。這些哲學家包括阿多諾（Theodor W. Adorno）、霍克海默（Max Horkheimer）、馬爾庫塞（Herbert Marcuse）等人，他們是公開的馬克思主義者，布萊巴特認為他們從一開始就企圖透過他們意在強調資本主義異化人本質的批判理論，暗中破壞美國消費社會的根基。他們的理念迅速在美國的大學散播，為一九六〇年代的學運提供了基礎；學生畢業後步入職場，這些理念也隨著他們的腳步，開始插手報刊的編輯、干涉好萊塢、介入政治權力的巔峰。

布萊巴特口中的「民主黨傳媒複合體」（Democrat Media Complex）就這樣誕生了。這是一具殘酷的機器，將正義、不正義，可以說的、不可以說的，全部一刀切出界線。它窮凶惡極迫害一切異端以及所有搗蛋的人，特別針對右派。想透過傳統媒體與娛樂產業，在這具機器的主場與之鬥爭，等於在打一場未打先輸的戰役：在這些場域裡，定於一尊的進步思想深深紮根，甚至成為從業人員的第二本能。

相反地，網路還是一塊處女地，一塊未經開墾的蠻荒邊陲，政治正確的霸權還來不及在此紮根。所以，布萊巴特決定在網路宣戰，「我正在跟『民主黨傳媒複合體』作戰，」他說，「他們清楚得很，我也清楚。這是公開的戰爭，我要擊落**死星**。」

一開始，布萊巴特的手法就已經非常專業。一九九五年，他協助馬特・德拉吉（Matt Drudge）架設他的網站「德拉吉報導」（Drudge Report）；不久後，該網站對全世界揭露了比爾・柯林頓（Bill Clinton）與莫妮卡・陸文斯基（Monica Lewinsky）的關係。幾年後，他又與雅莉安娜・赫芬頓（Arianna Huffington）合作，參與了《赫芬頓郵報》（*Huffington Post*）的創建。透過這些經驗，布萊巴特調教出數位游擊戰的基本技巧：如何獲得消息，又如何在一個高度競爭的領域中吸引關注；如何用傳統媒體的反應砲打傳統媒體本身；如何增加點擊與分享數量，直到真正的輿論運動誕生。

二〇〇五年，布萊巴特決定自己當老闆，創辦了「布萊巴特新聞網」，立志打造出右派的《赫芬頓郵報》。從一開始就如此，他厲害的地方不是挖掘新聞的能力，而是他有辦法將新聞安插到一套連貫的敘事中。當然，三不五時來一則獨家報導可能有點用處。不過，那也要它能成為這場對抗進步主義霸權之戰裡的一個面向，才對大業有所貢獻。布萊巴特心心念念的，是重奪文化大權。這就是為什麼他將時事，尤其移民問題、恐怖主義、傳統價值的危機等，都放進單一一場對抗**體制**的偉大戰爭這樣更為宏大的架構視野。這個體制囊括了民主黨人，也包含溫和派的共和黨人，他們都為定於一尊的思想教條服務、奴役。

正是在這時期，他跟班農的關係變得緊密。很明顯，他們倆共享同一種世界觀。班農決定讓布萊巴特的編輯團隊進駐自己在洛杉磯的辦公室，還在二〇一一年為布萊巴特介紹了羅伯特・默瑟（Robert Mercer），這位富豪答應以高達六百萬美金的資助金援布萊巴特新聞網。

無可否認，布萊巴特新聞網蒸蒸日上，醜聞報導川流不息——好比說，它揭發了安東尼・韋納（Anthony Weiner）這位年輕的參議員、柯林頓夫婦的政壇寵兒有暴露狂。布萊巴特新聞網被公認是美國極右派的參考座標。不過，二〇一二年三月一日，布萊巴特與班農的合作悲劇地終止了：布萊巴特驟逝於心搏停止。

就剩班農一個人了。他不得不用上他一直具備的活力，親自接掌布萊巴特新聞網。他的座右銘是，「事實讓人猛分享，意見讓人聳聳肩」（Facts get shares ; opinions get shrugs）。班農是一個深信自己的理念到簡直盲目狂熱的意識型態建構家，但他很清楚，老掉牙的論述不足以擊倒**體制**、贏得文化戰爭。

好比說——柯林頓夫婦。他們的權勢如此永恆，統治華府已達二十個年頭，他們就是美國右派的眼中釘、肉中刺。撂倒他們是無論如何必須辦到的事，畢竟希拉蕊在接班歐巴馬的競爭中占盡優勢。但要撂倒他們，就不能任憑仇恨障蔽雙眼。二十年來，柯林頓夫婦的敵人散播著最最離譜荒唐的說法要打擊他們、用各種罪名指控他們，結果無一例外：這些人紛紛失去公信力，傷不到柯林頓夫婦一根寒毛。班農認為，沒人想再聽那些自以為是的職業攻擊手說法了，必須走出這個小圈圈，征服廣義的輿論。要想這麼做，唯一的方法是蒐羅新的元素。用真實的事件為基礎，無微不至、細心從事，並建立一套檔案，讓柯林頓夫婦在他們自己的支持者（首先，當然是**體制**內的媒體）眼中信用掃地。

這就是為什麼班農要創建一個智庫：由彼得．施維澤爾（Peter Schweizer）領導的「政府問責研究所」（Government Accountability Institute）。在班農的支持下，施維澤爾花了幾個月蒐集「柯林頓全球行動」（Clinton Global Initiative）的資料。「柯林頓全球行動」是比爾．柯林頓的基金會，一年在全世界募集的資金達幾億美金之譜。該組織既打造了柯林頓夫婦權力的物質基礎，也推動並支援希拉蕊二〇一六年的總統競選活動。施維澤爾與柯林頓夫婦人際圈的幾位深喉嚨搭上線取得情報，又不吝搜索深網（Deep Web，指無法透過搜尋引擎抵達的內容）最幽微的角落，終於拼湊出「柯林頓全球行動」的活動中，某些較為陰暗的段落。好比某次，加拿大礦業巨頭弗蘭克．古斯特拉（Frank Giustra）捐了幾百萬美金給該基金會，然後在他的私人噴射機上帶著比爾．柯林頓與哈薩克的獨裁者納扎爾巴耶夫（Nursultan Ábishuly Nazarbaev）共進晚餐，最後成功取得哈薩克的鈾礦開採特許。又或是，海地大地震後，比爾．柯林頓協助調度資源參與重建，因此基金會另一位慷慨金主以他的無私解囊，換到了海地的行動網路經營特許。也不用說十幾位聲名狼藉的超級富豪都金援這個基金會；更別提比爾．柯林頓在世界各地出席了支持地表最邪惡獨裁政權的公眾活動所賺取的講酬。

這樣鉅細靡遺的調查成果收錄在《柯林頓現金》（*Clinton Cash*）這本書中。該書成為攻擊希拉蕊的主要指控，先是成為左派的伯尼．桑德斯挑戰她的利器，之後又為右派的川普添加糧草動力。

班農沒有透過布萊巴特新聞網這個平臺發表此書——這樣做的話，此書就註定只有右派媒體會關心。班農決定把獨家做給他們所討厭的，**體制**的媒體：第一個當然非《紐約時報》莫屬。成效立竿見影：《柯林頓現金》揭露的內容馬上就大大影響了整體的輿論。柯林頓陣營和以往處理無數案例的做法一樣，嘗試打擊該書的可信度，卻失敗了：施維澤爾提供的事實引證周密。

至此地步，主流媒體就也只能依著班農的計畫去走了。班農狂喜，「美國最棒的十五家報紙的十五名最優秀調查記者都追著希拉蕊．柯林頓跑！」當然，他之後有時間好整以暇地在布萊巴特新聞網上把這件醜聞當提款機，把每一樣攻擊希拉蕊的指控都轉換為用來生產幾百萬點擊數的網路瘋傳訊息。

在衣冠楚楚的外表下，班農從在電玩世界短短當了一回不速之客的經驗中學到一課。他曉得在網路的表層之下，一道道隱蔽但力量驚人的伏流躁動著。菲利普．羅斯（**Philip Roth**）在《美國牧歌》（*American Pastoral*）裡已經談到美國「天賦的、低迴的憤怒」，這些伏流就由這種憤怒，以及幾百萬自覺身居社會邊緣之人的挫折匯集而成。班農認為自己終於懂得打造恰當的水壩去攔截它們、為己所用。

二〇一三年初，這座虛擬的水壩竟以一種意想不到的方式，化作佐伊．昆恩（Zoë Quinn）這個真實的人。她是一款與眾不同的電玩遊戲——《抑鬱探索》（Depression Quest）的開發者。這款遊戲讓玩家沉浸在一個虛擬世界裡——一個昆恩個人親歷、因此知之甚詳的憂鬱症世界。它意在證明，除了士兵、忍者、中世紀戰士的歷險外，電玩還能是別的什麼，而女性也能為電玩世界做出珍貴的貢獻。

那些純正到不純砍頭的**玩家**對此無法接受。對他們來說，電玩就是極端暴力的冒險，大部分只有男人可以玩，這永遠不准改變。昆恩在網路上開始遭到攻擊。她的前男友發布了一篇文章，指控她和一名記者有染，才有辦法獲得《抑鬱探索》的正面評論；事態至此已發展成網路風暴。如此這般，這篇文章一聲令下，幾十萬玩家傾巢而出，編造、分享著針對佐伊．昆恩的侮辱與死亡威脅。

「下一次你在哪場會議拋頭露面，我們就弄殘你的腦，」其中一位如此寫道，「你會永遠有後遺症，但又沒嚴重到讓你不會在生命剩下來的日子裡繼續害怕我們。」演員亞當．鮑德溫（Adam Baldwin）甚至在推特上創造了「玩家門」（#gamergate）[61]這個主題標籤，讓網路攻擊有辦法集結調度。網路引戰者把昆恩的地址和其他個資全都人肉搜索出來，分享到網路上，讓她不得不離開居所。試著為昆恩辯護的人也全都淪為猛烈網路攻擊的目標。二〇一四年九月到十月之間，僅僅在推特上就發表了超過兩百萬則含「玩家門」主題標籤的文字。

這已經不單純是引發爭議了，這是戰爭。爭戰的目標遠遠超越了特定案例的範圍。真正的問題是：電玩世界屬於誰？是屬於所有人，無論男女，願意參與其中、貢獻自己的點子與熱情的人？還是，屬於幾百萬在網路上活動多年，在4chan、8chan、Reddit這類網路平臺彼此交流，因之為厭女與暴力的次文化所同化的年輕人，這樣的正宗**玩家**所形成的核心？

原本這場戰爭可以僅限於電玩遊戲世界，但我們沒算到，始終如一的班農已經晃到了附近，手裡拿著一桶汽油、一支番仔火。「玩家門」這場風暴對他來說，是夢寐以求的良機，讓他終於能把**玩家們**招募進他對抗政治與傳媒**體制**的戰爭大業中。

米羅．雅諾波魯斯就這樣粉墨登場。混亂工程師中好幾位的生命都相當華麗，但米羅這號人物多采多姿的程度又遠勝其他。三十多歲，英國人，同性戀，長相俊俏、自信爆表，米羅（大家都這樣叫他）是《內核》（*The Kernel*）這家報導新科技、以放肆不遜筆法聞名的線上雜誌共同創辦人。他的粉絲把他形容成「鬥牛犬和王爾德的雜交成果」，但貶低他的人則認為他只是個玩世不恭的自戀狂，他無所不用其極，就為了吸引與震撼他的受眾。

61 玩家門（Gamergate）是仿擬美國總統尼克森（Richard Nixon）任內爆發的醜聞水門案（Watergate scandal）所造的新詞。水門案後，英語世界常以「-gate」此一字尾鑄造新詞，用以表述重大的醜聞、事件、風暴。

管他們怎麼說，米羅知道玩家門是一場龐大的、面目模糊的運動，他決定成為這場運動的門面。他開始到處宣講，說這起事件真正的受害者不是昆恩，也不是其他遊戲開發者與記者——可偏偏，她們幾乎都是女性，已經遭到了幾千次的凌辱與威脅。不，真正的受害者是網路引戰者本身，他們是我們這時代的戰士，高舉言論自由的旌旗，對抗著進步主義的言論審查。而言論自由，米羅認為，必須是至高無上的。「一支由女軟體工程師與女性主義鬥士組成的神經病大軍，」他寫道，「被那些為政治正確奴化的部落客呵護著，妄想奪走電玩的文化。」被人這樣強攻，玩家試著自衛也是理所當然。

這種立場能吸引到班農的注意也就毫不奇怪了。終於，班農拚上了他的反**體制**戰爭，以及網路引戰者與**玩家**這些游手好閒的群眾之間，失落的那段環節。

班農即知即行，邀請米羅到他華盛頓的辦公室會面。

「認識他的第一眼，」班農如此回憶，「我就看見了一個和安德魯·布萊巴特同樣有辦法搞定文化連結的人物。他勇敢、有頭腦、魅力十足——這類傢伙總是有點特別，他們就是能比別人快。不一樣的地方在於，安德魯有個道德感非常強的世界觀；米羅呢，就是個沒道德的虛無主義分子。第一時間我就知道他去他奶奶的會是一顆隕石。」

等待隕石沿著軌跡翩然降臨的同時，班農下定決心要攫取這顆天外星體的力量。這就是為什麼他任命米羅執掌布萊巴特新聞網一個新成立的部門——「布萊巴特科技網」（Breitbart Tech），並明確賦予他如下任務，「你要把軍隊動員起來。我們透過玩家門或其他的什麼把他們招募進來，然後讓他們皈依政治、皈依川普。」

米羅一點就通、使命必達。「我們的讀者受夠了。他們被罵酸民、騷擾犯、厭女的傢伙，只因為他們和記者意見不一樣。」在「布萊巴特科技網」的成立影片中，他如此宣布，「我們要捍衛4chan的網民，他們想保持匿名；我們要保護Reddit的用戶，他們對抗著煩死人的管理員。我們將捍衛**玩家們**，反擊所有蠢到膽敢攻擊這些**玩家**的人。」

米羅的看法跟班農一樣：這場**玩家**的戰役是更宏闊的情勢的一部分。最基本的自由以言論自由為首，正遭受進步主義基本教義派的威脅。因此，「如今的匿名異議分子」就跟《聯邦黨人文集》（*Federalist Papers*）的作者群、美國民主的奠基者——亞歷山大・漢密爾頓（Alexander Hamilton）與詹姆士・麥迪遜（James Madison Jr.）是一樣的，畢竟這兩位當初寫作時，用的也是筆名。

「布萊巴特科技網」成立的那天，發布了川普的獨家專訪——一槌定音。「除了希拉蕊・柯林頓得感謝她的電子郵件醜聞讓她已經談了不少，」影片文案譏刺道，「選戰進行到這邊，沒幾位總統候選人談過科技議題。我們今天做到了。唐納・川普接受我們的獨家專訪，聊聊他對駭客、網路戰、人工智慧的看法。」

布萊巴特科技網傳達給**玩家**以及數位宇宙其他居民的訊息很清楚：你們的世界危險了，政治正確這具強大的機器與民主黨的言論審查要把你們最看重的一切都搶走，搶走言論自由、搶走匿名機制——也就是說，搶走迄今定義網路文化的一切物事。自救的唯一方式，就是投入政治。和我們、和川普聯合起來，一起對抗**體制**、對抗媒體、對抗傳統政治，為你們的權利與認同而戰。

古典主權主義與一種更貼近當代的數位主權主義比翼雙飛。「在自家當主人」這概念不只在墨西哥邊界或穆斯林入境美國的議題用得上，在網路空間也同樣用得著——網路空間就該保持原樣、拒絕干預。

網路引戰者被公開勸進參戰。同時，米羅遠遠跨過了科技論壇的地界，成為了徹頭徹尾的公眾人物。

全盤檢視過後，局面其實清清楚楚。米羅是男同性戀，他公開表示自己絕不與其他男同性戀共事，因為「他們嗑太多藥、性關係太複雜，而且從不上工，老找藉口。簡直比女人還糟糕。」還有，他認為女同性戀很簡單，就是一群自吹自擂女，在尋找一種最後絕對會沒感覺的愛情，因為「女同性戀以基因的角度來看是不存在的」。米羅的母親是猶太人、丈夫是非裔美國人，他本人卻在美國的白人至上主義及新納粹運動上面走鋼索、擠眉弄眼。某段在酒吧拍攝的影片裡，米羅在行著納粹禮的群眾的歡呼聲中，唱著〈美哉美國〉（America The

Beautiful）。實際上，米羅在美國就是一個移民，但他表示，自己完全贊成在美墨邊界築牆，也贊成禁止穆斯林入境美國。事實上，他把爆破美國左派認同政治的預設立場當作自己的邪佞之樂，「我是男同性戀猶太移民，我只跟黑人上床，我超、超、超右派。這讓他們全都瘋掉！」

再加上，米羅還是一個網路引戰者，能夠讓自己被推特刪帳號，因為他搞了一個辱罵《魔鬼剋星》（*Ghostbusters*）第一位女演員的活動。他認為左派想當幽默感的小警總，因為他們控制不了人們的幽默感，其實，左派是帶著它慣常的優越情結，自命為人們的敏感度判官。這些話殘酷是殘酷，卻從來沒真的傷害到人——米羅如是宣稱，並自居言論自由的大捍衛者。「這是我真正掛心的唯一一件事，」他說，「因為在美國，眾人能接受的言論邊界已經變得太狹窄了。」

對米羅來說，網路引戰是「一種新聞工作，只是工作的人沒坐在編輯部裡」，網路引戰者則是「唯一一群還說真話的人，和中世紀的小丑一樣」，在螢幕的後面揭露當權者光溜溜的裸體。

川普自己就是網路引戰者。歐巴馬出生證明的爭議就已經是一種網路引戰，川普的官方競選活動也依循一樣的理路。二〇一五年六月，他忽然空降總統選戰，做了兩樣恐怕會讓任何一個總統競選活動直接畫上句點的選舉操作。首先，他以一段演講宣告他正式投入共和黨總統初選。該演講很顯然是即興發揮；演講中，他大力排斥墨西哥移民，甚至形容他們為「強暴犯」。接著，他在幾天之後發表對共和黨參議員約翰．馬侃（John McCain）的看法。馬侃是美國政界貨真價實的元老級人物，憲政光譜的每一端都敬重他。川普說，「他不是戰爭英雄。因為他被俘虜過。我喜歡沒被俘虜的人。」

好，先不談墨西哥人。一個共和黨的總統參選人，用網路引戰的方式，嗆馬侃和戰爭老兵？這在「大老黨」（Grand Old Party，美國共和黨的別稱）陣營裡前所未見。強烈的憤慨立刻排山倒海而來。共和黨全國委員會戰略與公關總監馬上和川普畫清界線，「貶損曾經光榮報效國家者的評論不見容於我黨，也不見容於我國。」川普被整個美國政界排斥、圍剿——「可恥」、「可悲」、「噁心」。媒體編輯部裡，記者們幸災樂禍。《滾石雜誌》（*Rolling Stone Magazine*）的馬特．泰比（**Matt Taibbi**）講述，「當時，我們都預期川普會採取經典的姿態，著手進行名流犯錯後的贖罪儀式，就從帶點宗教意味的公開懺悔開始。」

正相反。川普就在此時做出了保證是見所未見、聞所未聞的事。他完全沒要道歉，反而臉不紅、氣不喘，面不改色地宣稱他從沒講過馬侃不是英雄。他說，「某個人被關過，那我認為他就是英雄。」怎麼會這樣？他之前講的和這個完全相反！還有影片為證！記者全都瘋了：一個問鼎白宮的候選人否認鐵錚錚的事實，這怎麼可能？

但，事情就是這樣。川普在馬侃事件過了關，帶著黃金獵犬般的放肆瀟灑，不斷斬獲支持。接著就是明顯長長一連串的失言及被拆穿的謊言，這些失言與謊言領著他以勝利之姿迎接二〇一六年十一月的美國總統大選。老兵事件過後，川普對某位女性電視記者口出性別歧視的侮辱（「她把血流得到處都是」，這位總統候選人如是說）；川普模仿了批評他的身障記者的體態；川普往其他共和黨參選人的頭上扔出了幼稚的綽號（就這樣，馬可．魯比歐〔Marco Rubio〕變成「小馬可」，泰德．克魯茲〔Ted Cruz〕淪為「白賊泰德」）。與川普作對就像被空降到一間學校的中庭，班上的小霸王目不識丁但同時——怎麼會這樣呢？——超會嘲笑學校那位女老師和四眼田雞的書呆同學。

業內人士震驚失措，公眾（先不說是**玩家……**）熱愛無比，賞給了他們心中這位一時之選總是勇冠三軍的收視率，讓川普只用了別人宣傳預算的一部分就能運作選舉。

川普的聲量來自傳統媒體的質疑與憤慨；這些媒體紛紛一頭栽進他的挑釁中。他們為他打廣告，尤其，令他宣稱自己是反體制候選人這回事——首先，一個紐約的超級富豪說這話，本屬荒誕——能夠取信於眾。

沒有政治評論家、華盛頓圈內人士以及穿著隆重黑袍的知識分子這些人日復一日的憤慨吶喊，川普要讓大家相信他是邊緣底層群眾對體制怒火雄燃的掌旗人，恐怕困難。相反地，這些人如此推波助瀾，一切就簡單多了。在美國鄉村，電視機前的觀眾只要看見都市精英對川普大爺選總統是如此憤慨又反感，就會相信這個人真的夠格代表他們受夠華盛頓精英體制的心情。

希拉蕊的競選團隊雇用了超過一千人，川普的團隊則只有十分之一。事實上，希拉蕊的策略家們眾所周知，正在「想辦法讓希拉蕊亮相的時候更真、更自然」之際，川普只要做自己，傳媒與公眾的鎂光燈就會蜂擁而上。

說到底，川普的一大厲害之處，就是他了解總統選舉就是一種拙劣的電視節目模式，由業餘人士隨便製作，粉墨登場的都是些駑腳又死氣沉沉的人物，這些人恐怕連《命運之輪》（la Roue de la fortune）這檔電視競賽秀的海選都過不了關，遑論一檔幾百萬金、卡達夏（Kim Kardashian）與小賈絲汀（Justin Bieber）的粉絲都在追的電視真人實境秀。

放眼望去是一片淒淒慘慘戚戚的景致。二流的導演和演員稱王封后——駑腳的希拉蕊、駑腳的傑布．布希（Jeb Bush，老布希總統之子、小布希總統之弟，參與二〇一六年共和黨總統初選），還有幾位帶著某種「反正不管怎樣，早晚都輪到我」、彷彿在郵局排隊的熱情，即興下海的角色。在這片景致之中，宛如西部片裡的克林・伊斯威特（Clint Eastwood），川普從天而降。

「我在電視真人實境秀這個產業工作了十年，」一位製作人對《紐約時報》表示，「我可以跟你說，唐納完全就是我們卡司想延攬的人。他不複雜，他很真。你聽他講話十五秒就知道他是怎樣的人。他的正字標記就是自我行銷。他蓋的房子高聳入雲、金光閃閃，上面還用大寫字母題著『川普』這個名字……選戰中有衝突沒錯，但這些衝突對大眾來說都太文謅謅了。川普解決了這個問題。他對別人發動的人身攻擊變成僅此一家、別無分號的品牌。就算他說自己有在克制了也還是一樣，像是針對參議員蘭德・保羅（Rand Paul，參與二〇一六年共和黨總統初選），川普公開表示，『我絕對沒有攻擊過他的外表——不過，相信我，要攻擊的話，把柄還有一堆。』」

二〇一六年的美國，評價政治人物的標準變得和評價其他名流一樣：首先，他們有沒有辦法吸引關注——這方面，川普雄踞大師寶座。接著，他們有沒有辦法讓別人投射認同——「我能在他身上看見多少的我自己？」

參賽者夠不夠真，這是所有電視真人實境秀心心念念的事。簡直湊巧，「像真人」這個特質，也成為評價參與這場政治實境大秀的人選時，選民最主要的考量。

表相之下，川普的行動當然蘊含演戲的成分。然而，他的舉手投足也有著如假包換的渾然天性。遠在他投身總統競選前的某一天，一名外國投資人問他「白垃圾」（white trash）是什麼意思。「白垃圾」帶有侮辱意味，某些自矜高貴的人使用此詞指稱美國中西部給人沒文化的印象、身材普遍肥胖、總是黏在電視機前的卑微白人。「白垃圾就是跟我一模一樣的人，」川普回答，「只是他們窮。」

透過暴狂的言語及挑釁、透過推特上任意揮灑的發言、透過侮辱人的玩笑跟一派天真的自吹自擂，川普表現出一種令自己迥異於傳統政治人物的「真」，而傳統政治人物總是以一概不變的淡漠圓滑處事。這位川普當然有點瘋瘋顛顛，不過他有血有肉、如假包換，不是政治公關顧問建議的人工拼湊產物。事情怎麼樣，他就怎麼說。他沒那個美國時間管你政治正確不正確——川普表示，這完全就跟美國一樣，美國吵跨性別廁所、吵有機耕作，吵到暈頭轉向，糟蹋寶貴的時間，美國工廠卻紛紛關門，就業機會外移到墨西哥跟東亞。川普好鬥的風格讓人感受到一股力量：他不怕對既有的規矩下戰帖，以後自然也會用同樣的精力帶來改變。

毫不意外，這樣的態度網羅了米羅以及最最極端的廣大**玩家**社群的擁戴。整場選戰期間，川普不斷轉發部落格界最極端的一群人的推特，以之持續鞏固這場同盟。

為了投桃報李，**玩家們**和另類右派的部落客為這位共和黨總統參選人幹了好幾件大事。首先，他們幫川普想了口號、組織網路上的競選活動。過程中，他們打破無數的禁忌，一方面憑藉社群網站的力量，一方面憑藉傳統媒體的制式反應——這些傳統媒體掉進了所有的陷阱，氣憤地回擊哪怕隨便一種挑釁——讓昔日公認為極端的意見充斥在公共辯論之中。米羅模式在這點上與川普模式重合了。這兩位要是少了**體制**的憤慨吶喊，都成不了事；這些氣憤的吼喊一方面把新右派的論述散播得更遠，一方面也坐實了這些理念確實是反體制的。樞機主教馬薩林（Jules Mazarin）的座右銘是「吾之救贖自敵來」（ex inimici salus mea）；同樣地，川普的救贖也首先來自他的敵人。庶民眼中，一名超級富豪原讓人難以信任，但體制與記者群針對川普的強烈惡意，反而讓川普在普羅選民之間備受愛戴、步步高升。

班農與米羅的數位部隊做出的貢獻可不只於此。對新聞網站與社群網站投入大量資源後，另類右派的網路引戰者在網路上營造了恫嚇人的氣氛。如是，不管哪一位觀察家或記者膽敢採取跟他們作對的立場，就遭到侮辱與威脅狂轟猛炸。這就是義大利的民粹主義網路引戰者實行已久的網路民兵隊。他們影響了人們在網路上論辯議題的氣氛。或更厲害，他們直接妨礙所有重大議題的辯論。反誹謗聯盟（Anti-Defamation League）統計指出，選戰期間，超過兩百六十萬則反猶太主義的推特在網路上傳布，大部分都是衝著反對川普的記者及知名人士而來。

這些數位狼群也給了川普特定、單點式的幫助。好比說，川普與希拉蕊首場電視辯論時，這些網民群起動員，在各大報刊執行的線上民調灌票給川普，扭曲民調結果。這就是為什麼川普雖然輸了傳統電話民調，卻在當晚橫掃所有線上民調。《時代雜誌》、消費者新聞與商業頻道（CNBC）、《財星》（*Fortune*）、《國會山報》（*The Hill*）以及其他有發展網路據點的報刊組織皆宣布川普勝利，川普自己則因此發出這樣的推特，「真的太榮幸了。辯論的民調說，我們的**運動**獲勝！」

接下來的章節裡，我們會看見川普的競選活動還使用了更精密的網路工具來為自己拉票、讓希拉蕊失去支持。此刻於美國進行的種種調查漸漸揭露俄羅斯在選戰期間扮演的角色。然而，追根究柢，二〇一六年美國總統大選裡一位最不可能的候選人出乎意料的獲勝，最主要還是一場政治與文化行動的結果。這場行動在浮上檯面前，隱密運作了很長一段時間。

這就是為什麼，當兩位揮軍白宮的候選人第一次公開辯論，希拉蕊指控川普活在自己的現實裡，史蒂夫・班農的微笑是藏也藏不住。當然了，川普「對事實自有一套敘事意味濃厚的想法」，讓他面對事實時能夠表現得頗有創意。不過，他活在其中的現實、他日復一日以即興揮灑的個人秀及持續放送的推特建構的這個現實，是與幾百萬選民的現實相符的；這幾百萬的選民散布在既不濱大西洋也不臨太平洋的四十幾個州，東岸與西岸占盡好處的居民蔑視他們，為他們取了綽號，「飛機下面的人」（**Fly-overs**）。幾百萬的美國白人男性勞工幾世代以來早已習於自命為國家命脈之所繫，一朝忽而尷尬地淪為多元族裔組成的「創意階級」；而推動這「創意階級」、掌握了經濟與傳媒的人，此時正在曼哈頓與帕羅奧圖（**Palo Alto**，舊金山灣區城市，教育、科技、研發重鎮）的咖啡廳，啜飲著卡布奇諾與有機果汁。

希拉蕊和自由派人士常常談到假新聞以及演算法導致的資訊同溫層。他們還沒搞懂問題在哪。沒錯，認知濾網（cognitive filter）的確存在。可是，真正的同溫層，那個在二〇一六年秋天，防礙人去正確預測現實的同溫層，可不是川普、布萊巴特，或美國另類右派大大小小的陰謀論網站，他們的同溫層。這個令人盲目的同溫層，是民主黨的、是自由派的、是東西兩岸傳媒的同溫層。他們一而再、再而三地疾呼，靠著侮辱少數族群、侮辱女人、侮辱移民、侮辱身心障礙者而想攻進白宮的人選，徹徹底底不可能也絕不可以；但與此同時，他們前所未有地，對此無能為力。

「這是一群只跟自己人講話的人，對正在發生的事一點概念都沒有。沒有了《紐約時報》、沒有CNN跟MSNBC這兩個有線電視新聞頻道就會不知道該怎麼辦。《赫芬頓郵報》和其他所有的媒體都靠《紐約時報》才搞得下去。這是個封閉的小圈圈，希拉蕊．柯林頓透過這個圈圈獲取她所有的資訊——以及她的安全感。這就是我們的機會所在。」

這就是班農的關鍵直覺：川普有機會勝選，是因為主流媒體根本想都想不到。「要是他們說了『不可能』，那正代表我們可以成功。」

第 5 章

布達佩斯的怪奇政治伴侶

二〇一五年一月十一日是個特殊的日子。巴黎，這座城市以及整個法國，從《查理週刊》（*Charlie Hebdo*）槍擊案的恐怖中大夢初醒。法國總統法蘭索瓦·歐蘭德（François Hollande）邀請了全世界四十餘位國家元首與行政首長跟他團結起來，共同參與一場將是一九四四年巴黎解放以來，巴黎街頭最盛大的遊行。兩百萬人沿著以《論寬容》（*Traité sur la tolérance*）作者命名的大道絡繹行進。英國首相、德國總理、義大利總理共聚一堂，充滿感情地緊緊擁抱法國總統。他們或許已經察覺到自己被擲進了二〇〇一年九月十一日後第二段無以預測、暴烈動盪、即將把他們全都掃地出門的政治季候中。然而此刻，他們選擇了手挽手一齊闖進此一政治新時期，承擔並實踐那些標誌著歐洲聯盟最美好時刻的價值：自由與開放。

所有歐洲領袖中，只有一個男人站得有點遠。可不是因為他害羞。正好相反，一九八九年春天，這位奧班·維克多一戰成名天下知。布達佩斯的英雄廣場上，時年二十六歲的他就著發言臺，吼出了他的民族對自由的渴望，要求蘇聯的部隊即刻撤離匈牙利領土。

然而今天，奧班・維克多拒絕參與這些歐洲領袖的家家酒。「一月十一日精神」對他幾乎沒有意義。相反地，他想要的是標舉：他不一樣。「經濟移民，」他站在遊行隊伍的邊邊表示，「對歐洲是壞事。我們不該將任何功勞歸給它，因為它帶給歐洲人民的，就只有混亂與危險……只要我當總理、執掌政權的一天，我們就不會允許匈牙利因為布魯塞爾設想的計畫，淪為接收移民的目的地。我們不想要任何與我們文化背景不同的少數族群跟我們一起生活。我們希望匈牙利永遠屬於匈牙利人。」

奧班在巴黎說出這些話時，移民議題還遠遠不是匈牙利人心之所繫。當時的民調指出，百分之三多一點的選民認為移民議題值得優先關注。然而，奧班這位政治嗅覺靈敏無比的匈牙利總理清楚得很，他手上掌握了移民議題這臺政治提款機。只要知道怎麼利用它就夠了。他知道要怎麼做。尤其是，要請誰一起做。

乍看之下，阿圖・芬克爾斯坦跟奧班・維克多徹底相反。奧班有多華麗誇張、炫人耳目；芬克爾斯坦就有多矜持、多心心念念著要低調。CNN更將芬克爾斯坦比作《刺激驚爆點》（*The Usual Suspects*）裡的大反派凱撒・索澤（Keyser Söze），沒人真的當面見過他，「芬克圖斯坦的作派媲美好萊塢電影，是一號有辦法撂倒最強對手的人物；他的為人卻又如此神祕，幾乎沒人真的跟他打過照面。」就算在政商精英圈執業了四十載春秋，他留下的照片和訪談仍然非常少。他住旅館都用化名，公司也不以他的名字命名。奧班以自己出身鄉村、擁有前足球員粗魯陽剛的作風為傲，球場上一次次的脛骨撞擊使他皮粗肉厚、冷酷無情；芬克爾斯坦則是紐約的猶太裔男同志，熱愛抒情歌劇與俄國文學。

然而，就算一切都南轅北轍，他們卻是天作之合。跟奧班一樣，芬克爾斯坦是個年輕時就在共和黨最強硬派系中打拚的政治神童。還沒滿二十歲，他就已經在共和黨總統候選人貝利・高華德（Barry Morris Goldwater）的陣營工作，接著又在理察・尼克森競選總統的麾下服務。他在一九七六年雷根（Ronald Reagan）的總統初選競選活動中扮演了舉足輕重的角色；這場初選選戰讓這位加州州長初次嶄露頭角，登上全國舞臺。四年後，他成為雷根總統深為倚賴的白宮政治顧問，同時也繼續發展他選舉顧問的事業，將全美十幾位候選人推上國會議員與州長的寶座。

早在此一時期，他就以分眾行銷、精準打擊（microtargeting）為手法。換言之，他會精細分析人口組成，也會針對初選投票的選民進行投票所出口民調，以之甄別出不同的群體，對他們傳播不同的訊息。距離臉書問世還很久，芬克爾斯坦就已大量運用實體信函與電話推銷來分眾對待他客戶的潛在支持者。對這群人，他奉上比較溫和的訊息；對那群人，他加重口吻，強調出他的選戰客戶，其政見或人格特質的特定面向。

不過，從一開始，芬克爾斯坦真正的才華所在，其實不是把他的選戰客戶推銷出去，而是摧毀他客戶的對手。負面選戰，也就是以攻擊對方為手段，把對方缺點放大強調的競選活動，在他手上臻至了藝術的化境。好比說，他要在紐約州這個民主黨傾向濃厚的選區，讓艾爾·迪馬托（Al D’Amato）這位一點魅力也沒有的共和黨候選人當選參議員。事後，他解釋，「我沒什麼材料可以發揮。你認識迪馬托的話，就懂我在說什麼。我根本沒辦法強調他的優點。所以我決定讓他愈少亮相愈好。我從來沒讓他上電視講話。一次都沒有。」

反而觀之，要摧毀迪馬托的這群對手並不困難。首先要殲滅的，是現任參議員，一位上了年紀的富貴名流，芬克爾斯坦把這位先生比作一具行屍走肉。然後，他對迪馬托的民主黨對手，紐約州檢察長發動攻擊，說他是「無可救藥的自由派」。在芬克爾斯坦的語言系統裡，這指的是一名虛偽且與現實脫節的精英主義者，忙著裝模作樣翹小指發號施令；美國這個國家的偉大，卻一向建基於個人不受規則與官僚主義所羈的行動與倡議之中。

為了好好發揮這一點，芬克爾斯坦拍攝了一段電視宣傳短片，但不是請迪馬托本人來拍，他一直小心翼翼讓迪馬托遠離鏡頭。入鏡的是迪馬托的母親；鏡頭裡，她拎著幾個購物袋，就這樣化身為離地清談的左派視若無睹的那些市井小民，以及他們日常的艱辛。這一整場選戰跟芬克爾斯坦投入的另外十幾場選戰相同，他將「自由派」這個形容詞變成髒話。憑著這麼做，他襄助許多極端保守派的候選人當選，也成功擊落民主黨好幾位真正的代表人物，包括弗蘭克·丘奇（Frank Church）、喬治·麥戈文（George McGovern）、馬力歐·古莫（Mario Cuomo）等人。「自由派太久了」——這是芬克爾斯坦在古莫名不見經傳的共和黨對手喬治·派塔基（George Elmer Pataki）耳邊呢喃出的一句致勝口號。

十幾年之間，芬克爾斯坦成為共和黨初選界的傳說，調教出一整個世代的政治公關顧問，這些選戰專家將在小布希與川普一前一後的勝利中擔綱關鍵角色。在俄羅斯疑似干預二〇一六年美國總統大選、協助川普的調查中，遭到起訴的兩位主要政治公關顧問保羅·曼納福特（Paul Manafort）與羅傑·史東（Roger Stone）都出自芬克爾斯坦門下。

一九九〇年代中期，芬克爾斯坦開始把他的天賦才華出口到美國領土之外。一九九六年，他在以色列遇上了比一般選戰更緊張的情勢。總理伊扎克·拉賓

（Yitzhak Rabin）剛被一個反對他與巴勒斯坦簽訂奧斯陸和平協議的狂熱猶太主義分子刺殺。拉賓的外交部長、諾貝爾和平獎得主西蒙·裴瑞茲（Shimon Peres）繼任總理一職。裴瑞茲形象溫和、國際知名，眾人無一不預測他會於春天的選舉大勝，但芬克爾斯坦可不會任人宰割。他負責的候選人——別號「畢比」（Bibi）的班傑明·納坦雅胡（Benjamin Netanyahu），公認既缺乏經驗、又是極端分子，很不可靠。芬克爾斯坦立刻就督促他把頭髮染成灰色，讓他從外表看來更值得敬重。「外表很重要，」芬克爾斯坦說，「身量最高的候選人在選舉中獲勝的機率高達百分之七十五。」然後，他開始了一貫的工作：摧毀對手。「裴瑞茲企圖分裂耶路撒冷」，把一半送給巴勒斯坦人——這就是他拉出的戰線。

芬克爾斯坦透過在以色列徹徹底底前所未見的暴烈競選活動，將西蒙·裴瑞茲描繪成祖國的叛徒，洋溢著全世界自由派人士的特質——虛偽、習慣成自然的妄想。相反地，他為納坦雅胡這位保守派候選人發想的口號簡單又有效：「納坦雅胡對以色列人是好選擇。」總的來說，只有納坦雅胡真正愛國，只有支持納坦雅胡的人才是真正的猶太人；不支持納坦雅胡的人就是自由派、弱者，或更糟糕的：阿拉伯人的共謀幫凶。就算百分之二十的以色列公民自己就是阿拉伯人，那也不重要。如果這樣的選戰路線能夠鞏固「真正的以色列人」對納坦雅胡的支持，芬克爾斯坦是可以輕鬆放棄這百分之二十的選票的。令人震駭的是，操作奏效了：納坦雅胡以些微的票數之差贏得多數，成為了以色列總理。

接下來的幾個年頭，納坦雅胡將繼續運用芬克爾斯坦畫下的這條分化之線，鞏固自己的政治霸業：「我們」對抗「他們」，一邊是以色列民族，一邊是它的敵人。誰沒跟納坦雅胡站在一起，誰就不是真的猶太人。

與此同時，阿圖・芬克爾斯坦（右派國族主義界的凱撒・索澤）的傳說也日復一日益發偉大，直到抵達了東歐與昔日蘇聯帝國的地界。這位傳奇政治公關顧問四處縱橫捭闔，從捷克到烏克蘭、從奧地利到亞塞拜然，他到處揮灑負面選戰的才華。有時候，他就只輕鬆點染幾筆，好比在阿爾巴尼亞，他拍了一支宣傳短片，讓一名相撲選手、一隻袋鼠與芬克爾斯坦客戶的對手排排站。「這些人物哪裡相同？」旁白問，「他們都對阿爾巴尼亞一無所知。」只要一回想起，芬克爾斯坦到現在還會笑。「那個候選人很火大，」他說，「他召開了一場記者會，就為了譴責我們把他比成一頭動物，一隻袋鼠！他這樣一搞，所有人都想看這支短片……」另外在某些情勢裡，較為嚴厲的手段則實屬必要。二〇〇九年，芬克爾斯坦降臨匈牙利，等著他的那一位將成為他最重要的客戶；或許，這一位也是國際舞臺上，政治意識跟芬克爾斯坦最接近的人。

跟芬克爾斯坦一樣，奧班也是卡爾．施密特（Carl Schmitt，德國法學家、政治思想家）的門徒——政治呢，首先就是認明敵人是誰。靠著指出敵人此一核心行動，政治路線得以建立、在鬥爭中並肩團結的人組成了社群。

二〇〇九年，敵人找到了。敵人就是歐洲，歐洲沒能讓匈牙利躲過金融危機的恥辱，匈牙利是靠著國際貨幣基金組織的協助才狼狽脫身；該組織也強令匈牙利實施撙節措施，讓中產階級喘不過氣。當時，匈牙利政府的領導人是鮑伊瑙伊．戈爾東（György Gordon Bajnai），他是歐盟以及市場經濟安排出來的高級技術官僚，已經開始削減公務人員與退休人員的薪金。

根據一份極度親歐的政治綱領統治過四年匈牙利，奧班知道轉彎的時候到了。在芬克爾斯坦的協助下，奧班開展了密集的政治宣傳，反對歐盟當局的技術官僚政治，也反對自由派；這些自由派背叛了人民，不僅貪污腐敗，還在外國利益前屈膝下跪，讓國家破了產。

匈牙利不是殖民地！——奧班中氣十足地高呼。土耳其人占領過匈牙利，哈布斯堡王朝占領過匈牙利，蘇聯也占領過匈牙利，匈牙利絕不再對布魯塞爾的歐盟當局俯首稱臣。

至於戈爾東，這位左派支持的高級技術官僚，芬克爾斯坦的負面選戰要搞定他，直如探囊取物那般簡單。

二〇一〇年春天，奧班輕騎過關，勇奪百分之五十七點二的選票，贏得了選舉。這場選戰負面又洋溢著戾氣的氛圍裡，另有百分之十七的選票流向排外主義政黨「尤比克爭取更好的匈牙利運動」。

具體來說，四分之三的匈牙利選民在這一年選擇了右派或極右派政黨。一九八九年後主導政壇的中間偏右、中間偏左老派政黨全都打包回家，匈牙利社會黨的得票率從百分之四十六急墜到百分之十九。其他歐洲國家日後將輪番上演的這套劇本，匈牙利這邊提早了好幾年預先實現。

奧班從來不以單純的政黨輪替來表述他們的勝利。他將它彰顯為一場讓人民終得掌權、就此站起來了的革命之始。

一份「全國合作宣言」揭示了「自人民意志誕生的新體制」的基石，乃是「勞動、住房、家庭、健康、秩序」。這份宣言在匈牙利國會多數決通過了，四處張貼在公共建築上。憲法遭到修訂，就為了加速政治程序（從今以後，一道法律能夠在幾小時內通過），也為了推進中央集權（司法從此受行政權的轄制）。

奧班也萬分倚賴匈牙利這個國家意欲復仇之心——第一次世界大戰後，匈牙利割讓出去了三分之二的領土、五分之二的人口。一九二〇年，《特里阿農條約》

（Treaty of Trianon）的簽訂，讓超過三百萬的匈牙利人忽爾置身羅馬尼亞、捷克、斯洛伐克、南斯拉夫王國這些異國。奧班執政後，他的人民政府立刻授予所有住在外國的匈牙利人匈牙利的國籍，並明訂六月四日，也就是《特里阿農條約》的簽訂日為「國家團結日」。從此，鄰國境內的匈牙利僑民成為奧班重要且堅實的選票基礎：二〇一四年的選舉中，這些僑民有百分之九十五都投給了奧班的政黨，「青年民主主義者聯盟—匈牙利公民聯盟」（Fidesz）。

然而，奧班跟他的政治顧問推出的「國家解放鬥爭」持續動員起來的，其實是全體匈牙利公民。外資跨國企業開始要繳交幾項特別的稅。購買農地對外國人來說幾乎不再可能。傳媒不管私營還是公營，都收歸執政當局控制。這些都明目張膽違背了歐洲共同市場最基本的規則。

每一次，歐洲層級的機構怯生生地試著傳達看法，奧班就藉機召喚祖國歷史最沉痛的記憶。好比說，奧班在二〇一二年的國慶日表示，「我們太清楚歐洲朋友不請自來想幫忙，這意味著什麼了。就算它不是化成戴著流蘇肩章的軍服，而是以筆挺西裝的樣子出現，我們也認得出來。」

如此這般，奧班乘著人民解放鬥爭的大浪，在二〇一四年又一度贏得了選舉；憑藉新的選舉法規，他斬獲的百分之四十五的選票轉換為國會百分之九十的席次——一百零六席裡，九十六席是他的。但從現在起，事情不對勁了，再也沒有一件事順風順水：總理身邊人馬捲進一連串貪污腐敗的醜聞中；一場場國會補選裡，「尤比克爭取更好的匈牙利運動」蠶食著執政黨的席次；布達佩斯街頭成了年輕人浩大示威的場所，示威催化了怒火，讓群眾針對「人民政府」長久積累的不滿浮上檯面。僅僅幾個月間，執政黨「青年民主主義者聯盟—匈牙利公民聯盟」的民調就失速直墜至百分之二十。

芬克爾斯坦說著，「我們得換個方案。」奧班卻早已了然於心。起初，他試著把辯論焦點轉移到死刑議題上。怎麼不試著恢復死刑，讓重執國民革命的大手攥得再更緊一點？

可是，公眾的反應冷淡，辯論燒不起來。死刑議題已刺激不了大眾，還真是令人驚訝。於是奧班與芬克爾斯坦清楚掌握到，他們需要一個新的敵人——他們運氣很好，巴黎恐攻給了他們一個天上掉下來的禮物。

奧班與芬克爾斯坦耍弄過一陣政治把戲後，以來自非洲或中東、深色臉孔的移民為血肉化身的伊斯蘭教，就這樣成為了匈牙利的頭號敵人。現在只剩一件事有待解決：匈牙利沒有移民問題——幾乎沒有。匈牙利人口只有百分之一點四是外國人；這些外國人裡，穆斯林更是微不足道的少數。

這些都不重要，現實可還沒嚇倒過芬克爾斯坦。「最關鍵的，」布拉格的一場演講中，這位傳奇政治公關顧問說，「是大家其實什麼都不知道。在政治裡，你感覺到的真實才是真的，現實是什麼並不重要。如果我跟你們講，我離開了下著雪的波士頓，來到現在陽光燦爛的布拉格，所以我在這裡非常愉快，你們會相信我。因為你們知道，今天這裡是個好天氣。萬一反過來，我跟你們說我在這裡很憂鬱，因為我離開了陽光燦爛的波士頓，布拉格卻下著雪，你們不會相信我話裡布拉格的部分，因為你們只要看看窗外就知道我在胡說，也不會相信我所說的波士頓，因為講到布拉格時我對你們說了謊。是這樣子：好的政治人物會先跟你們說一些真話，再跟你們說一些謊話，因為如此這般，你們就會全盤相信他，真相與謊言都照單全收。」

奧班從巴黎回國的那一刻起，宣傳機器啟動了。

芬克爾斯坦與在地幕僚一起設計了一份以「針對恐怖攻擊與移民問題的全國意見徵求」之名寄給所有選民的問卷。八百萬匈牙利公民打開他們的信箱，收到了一份官方調查表，表中的問題類似這種，「有些人表示，歐盟當局管控移民不善與恐怖攻擊增加有關。你是否同意？」

與此同時，芬克爾斯坦組織了一場龐大的海報張貼運動。海報訊息理論上是給移民看的，但其實，這些訊息以匈牙利文書寫，且經過嚴密設計，為的是要影響選民。於是全國的牆面貼滿了大寫的字句，「你們來到匈牙利，就不准搶匈牙利人的工作！」、「你們來到匈牙利，就有義務遵守我們的文化！」

與被二〇一五年春天的移民危機殺個措手不及的其他歐洲領袖相反，奧班與芬克爾斯坦準備好了。他們依循馬基維利「絕對不要放過任何一場危機」的準則，創造了完美的情勢，讓他們能將敘利亞的難民潮轉換為一具量產支持者的機器。接著，人說富貴險中得，難民潮確確實實發生了。二〇一五年，非法入境匈牙利的人數爆增為八倍，從前一年的五萬人驟升至超過四十萬人。

其實，這些人大部分都無意止步匈牙利。他們只想穿越匈牙利，好前往德國或其他歐洲北方的國家。可是，奧班需要一道霹靂手段來強調他對移民的零容忍。他不只以破紀錄的速度，在兩小時內讓國會通過一項沿邊境建造一道一百七十五公里屏障的法案，還下令關閉布達佩斯火車站。結果，原本只是想過境匈牙利的移民就這樣滯留在匈牙利首都，被迫漫長地徒步，前往匈牙利與奧地利接壤的邊境。

政治層面上，在芬克爾斯坦的政治運動創造的恐慌氛圍中，奧班毫不妥協的施政路線來得正是時候，效果令人驚豔。總理的支持度在各項民調中揚升，而極右派「尤比克爭取更好的匈牙利運動」被政府殺個措手不及，他們的主要立場就這樣被當局收編。

要怎麼報導這場難民危機，奧班當局的政治公關顧問對國營電視臺下了明確的指示。絕對不能拍到兒童——表面上是為了保護孩子，其實卻是為了不去激起對這些初來乍到這塊土地的人賦予太多的同情。「難民」這個詞絕不能用，連「bevandorlo」這個慣常用來指稱移民的詞也棄用了，被「migrans」這個字取代；後者的詞源是拉丁文，在匈牙利語中聽起來徹頭徹尾地怪異陌生。

一切都鉅細靡遺地計畫好了，讓緊急事態搖身一變，兌換成奧班總理水漲船高的人氣。然而，二〇一六年三月，歐盟在德國的推動之下與土耳其簽訂了一項引起爭議的協定，將移民潮擋在前往巴爾幹地區的半路上。基本上，難民危機就這樣解除了。可是，找到了絕佳政治提款機的奧班，可不想那麼輕易就放手。

奧班很幸運，因為歐盟宣布了一項分攤持續湧入義大利與希臘的難民計畫；根據該計畫，匈牙利應當接收一千兩百九十四人。這數額微不足道，但對奧班來說，卻是延續文明存亡之戰的天賜良機。

布魯塞爾的歐盟當局才剛開展這項計畫，奧班就規畫在十月二日舉辦公投，呼召人民來決定要接受或拒絕歐盟此一計畫。與此同時，海報張貼運動重出江湖，占據了匈牙利一半的廣告篇幅，放送著「巴黎恐攻的凶手就是移民」或「移民危機爆發以來，婦女被侵犯的次數大大提高了！」這類標語。這些訊息強而有力的關鍵在於它們無所不在，走沒兩步就會撞見一句。夏天的時候，歐洲足球冠軍盃跟奧運比賽的直播每小時都會插播新聞，報導移民與他們帶來的危害。同時，匈牙利國營電視臺專訪了演員與運動員，這些名流異口同聲講述著為什麼他們要在公投投下「拒絕歐盟計畫」。

毫不意外，公投結果出爐，哪怕只有少於一半的選民前往投票，「拒絕歐盟計畫」仍舊大勝，橫掃了百分之九十八的選票。短短近兩年的時間裡，奧班成功將他的國家轉型為一座政治碉堡，還招攬同一區域的其他國家在該國城鎮維謝格拉德（Visegrad）簽署了一份歷史性的協議，一起反對任何形式的難民分攤機制。甚至西歐也有易幟追隨奧班的人，他開始被視為另一種歐洲模式的旗手，這一個模式與布魯塞爾的技術官僚體制公開唱著反調。

這個模式的輪廓很清晰。二〇一四年，奧班在一場值得載入史冊的演講中勾畫出此一模式的輪廓，「匈牙利民族不是單純的個人集結體，而是一個貨真價實的共同體；我們要去組織、去鞏固這一個共同體；講得現實一點，我們要共同打造它。因此，我們正在匈牙利打造的新國家是一個反自由主義的國家。我們打造的國家並不否定自由主義的基本價值，好比說——自由。但是，我們的國家不會把這種意識型態當作國家組織的基本要素。」

對奧班而言，國家應該為人民服務，這個「人民」指的是匈牙利人中的多數。任何人，哪怕是一位法官、一份報紙，還是一個非政府組織，都沒有權力以捍衛隨便哪一種弱勢或隨便哪一項憲法原則之名，與人民意志的貫徹為敵。根據奧班的意見，「如今，歐洲的自由主義沒聚焦在提倡自由，反而專注在『政治正確』上頭。它已經淪為一種僵化、教條式的意識型態。自由主義分子是自由的敵人。」政治的制衡機制則是「歐洲因為智力低劣，所採用的一種美國發明」。

奧班話講得很直白，這我們是該予以肯定。雖然，從這樣一位昔日的反抗者口中聽到這些言論，仍然不是容易接受的事：奧班，這一位昔日的大學生反抗分子，仰賴索羅斯基金會獎學金之助在牛津大學就讀，一九八九年又匆匆從英國返鄉，領導布達佩斯反共親歐的年輕自由主義者。

跟川普和五星運動一樣，奧班首先是個機會主義的政治人物，指引他的是演算法，他渴求的則是權力。如果自由主義與寬容能鞏固川普、五星運動、奧班的權力，這三者內建的政治風向球一定會促使他們一絲不苟、劍及履及地遵守自由民主制的所有原則。

不過，奧班這案例帶來的揭示可能不只這樣。要了解他背後還藏著什麼道理，不妨讓政治學家伊萬・克拉斯特耶夫（Ivan Krastev）為我們指點迷津——他是一位最最觀察入微的後蘇維埃政治觀察家。

克拉斯特耶夫講述道，柏林圍牆倒塌後，東歐精英群起效仿西方，盼望急起直追，彌補他們在半世紀的共產統治中積累的落後步伐。不幸的是，這樣的模仿除了在前蘇聯衛星國人民的生活中帶來物質面的劇變，也為心理層面帶來了龐大的代價。克拉斯特耶夫認為，讓東方仿效西方變得如此痛苦的，不只是模仿者劣於模仿對象這樣的預設，也因為西方世界從此有權力按西方標準來評判東歐國家是成功或失敗。從這個角度切入的話，東方對西方的效仿可以看作是一種主權的失喪。

所以，當模仿者的挫折累積到了某個時刻，反作用力自然而然也就產生了。如果我們考慮到東歐精英對西方的仰慕少說有一部分建立在誤會上，就更說得通了。在匈牙利、捷克與波蘭保守派的眼中，西歐代表著榜樣，因為西歐與共產主義恰恰相反，保障了對傳統與宗教的尊重。那麼，當這些保守主義者因了解西方準則包含多元文化主義以及同性婚姻而備感受騙，也就不令人意外了。

近幾年的危機、極端伊斯蘭恐怖主義，以及移民的緊急事態都在在加強了這樣的幻滅，最後，激進的逆轉也就發生了。

在新一代主權主義領導人的帶領下，東歐反自由主義的民主政權在所有心懷「真」歐洲的古老價值（上帝、祖國、家庭）之人眼中，成為了嶄新的典範。如今，這些政權組成了一道防線，對抗高舉少數族群權益、掃除傳統、動搖家庭重要性的「政治正確」獨裁。它們也同樣反對威脅到歐洲民族同質性與文化認同的移民潮。

不久之前，東歐的政府在布魯塞爾或其他地方，一直採取某種一夕晉升上流社會的暴發戶才有的伏低做小姿態，隨時可能遭受批評與譴責，總等待著被評點論斷。但如今則相反，它們的任務正是保全西歐業已失落的價值聖火。

「二十七年前，」奧班在二〇一七年某次談話中表示，「我們中歐認為，歐洲是我們的未來；現在，我們認為，我們代表了歐洲的未來。」

考量近幾年的事態發展，我們很難說他講的全盤皆錯。在諸多歐洲國家，奧班成了主權主義的政治運動取經典範，這些政治運動在選舉中多有斬獲，有時甚至奪得政權。

移民議題讓瓦爾多熊在所有政治情勢中都有施展的空間。在義大利，卡薩雷吉歐事務所從二〇一四年開始就撰寫了一本言行準則，指導五星運動的民意代表上電視時如何說話。針對移民議題，該準則建議採取如下態度——

「移民議題總激起許多情緒，首先是恐懼以及憤怒。因此，上電視的時候，去論述、去解釋條約，甚至提出不管實際與否的解決辦法，全都沒有用。人們已經被自己的情緒控制，認為自己與親人備受威脅。我們沒辦法要求他們傾聽、理解一段完全理性的論述。」因此，該準則建議採取「照抄情緒」的策略，「我們就是你們憤怒與恐懼的出口」。

在義大利二〇一七年的市鎮選舉期間，格里羅把「照抄情緒」這個策略發揮到極致，用上了對弱勢種族充滿敵意的詞，好比說，使用意指「滾出去」的德語詞彙「Raus」來指稱羅姆人（Roms）——這些羅姆人大部分都是義大利公民。膺任內政部長的聯盟黨黨魁馬泰奧・薩爾維尼負責把這些主張全都化成具體的法律條文，並得到五星運動的全力支持。

諸如此類的事情以幾乎相同的形式到處發生。在所有工業化國家，混亂工程師緊緊抓住「與陌生人的關係」這個議題，不管這個陌生人是難民、移民，或甚至只是族裔或宗教不同的本國同胞，他們都將議題轉化為民粹主義界的瓦爾多最主要的力量來源。

以他們的觀點來看，操弄移民議題的優勢不只在於這個議題能鞏固施密特提出的「我們／他們」此一敵我界線，而更在於這個議題爆破了左派與右派的傳統壁壘。

脫歐運動的策略家多明尼克・康明斯針對移民議題講述了一段發人深省的軼事。「我正在主持一個由保守黨選民組成的討論小組。我跟他們討論了差不多二十分鐘的移民問題。接著，我們改談經濟議題。聊了幾分鐘，他們的言論有點讓我嚇到，我就問，『是說，你們投給誰？』他們回答我，『工黨』。活動規畫出錯了，搞得我不是正在跟一群保守派，而是跟一群工黨的運動分子暢談。可是，針對移民議題，這群來自群眾階級的選民完全跟保守黨或英國獨立黨（UKIP）的主權主義者沒有兩樣。」

強調了移民議題，就能裂解傳統政黨、釋放出廣大的政治空間，讓民粹主義界的瓦爾多因此能以非左非右的姿態亮相登場。

康明斯繼續說，「媒體企圖將擁護脫歐的政治運動歸類為『右派』，但在大眾眼中，我們既非右派，也非左派。同樣的事情也發生在川普身上。川普犯了很多錯，不過在他傳達給全國的訊息中，有一些吸引人、超越左右分類的東西在。媒體也是一樣沒搞懂他，直接幫他貼上跟脫歐一樣的『右派民粹主義』標籤，這還被幾個招搖撞騙的大學教授認可呢。可是，川普之所以這麼成功，正是因為他傳達的不只是單純的右派主張。」

移民議題能讓右派民粹主義與左派民粹主義義結金蘭，正如同脫歐時期的英國，以及馬泰奧・薩爾維尼下令對移民關閉港口的義大利那樣。說到底，他們做的只不過是讓政治供給進化成能夠與政治需求比肩齊步而已。這就是為什麼，在左右兩翼民粹還沒合流的國家，從極右派一路到極左派的政治運動者拚命操作，就為了成為第一個打破昔日意識型態界線的人。

在德國，極右派政治運動「德國另類選擇」透過一套幾乎只聚焦在移民議題的強烈政治宣傳，成功蠶食了左派政黨的選票。根據一些針對二〇一七年德國聯邦議會與州議會選舉中政黨選票移轉的分析，「德國另類選擇」從中間偏左的社會民主黨與極左的左翼黨（Die Linke）奪走的票，幾乎跟該黨從傳統右派政黨基民盟／基社盟（CDU/CSU）奪走的一樣多。這就是為什麼選舉後，好幾位昔日的極左派政治領袖一同創建了名為「起來」（Aufstehen）的政治運動；根據其中一位創建者，該運動的目的是「跟左派歡迎移民文化的自命清高做個了斷」。

法國的問題則是，黃背心運動能不能成為右翼民粹主義與左翼民粹主義合流的導火線。雖然瑪琳・勒朋與讓・呂克・梅蘭雄（Jean-Luc Mélenchon，法國極左派代表人物）兩人都費盡心思往這個方向努力，法國的案例卻仍然缺乏「相反世界的馬克宏」這種人物——一個有能力超越左右分明的壁壘，將兩翼的國族民粹主義者全都聯合起來的領袖。然而，艾麗榭宮（Palais de l'Élysée，法國總統府）現今這位住戶所帶來的經驗，正證明了只要有利情勢匯聚，這樣的角色就能閃電般浮上檯面。

第 6 章

物理學家

一九六〇年代末，核武戰爭的夢魘威脅著摧毀地球，瑞士劇作家弗里德里希．杜倫馬特（Friedrich Dürrenmatt）在一部劇作中發想了一段情節，將牛頓、愛因斯坦以及莫比烏斯（August Ferdinand Möbius，德國數學家、天文學家）全都關進一間瘋人院。在這齣題為《物理學家》的戲劇裡，這間瘋人院有木頭鋪的地板、折疊著羽絨被的舒服的床，還有面朝山景的陽臺。可是，牛頓與愛因斯坦並沒有對這麼迷人的地方特別驚豔，他們整天整天構思著逃跑的計畫：實驗室正等著他們，而且他們還有一千零一樣科學的發現還未完成。

過了一陣子，莫比烏斯不得不跟牛頓與愛因斯坦解釋真實世界發生的事。「我們已經抵達了旅程的終點。」他表示，「可是，人類還沒跟上。以前我們頭也不回、停都不停地努力前進，如今沒有人跟著我們了，我們掉進了空虛之中。我們的科學變得恐怖，我們的研究變得危險，我們的發現帶來死亡。身為物理學家，我們別無選擇，只能俯身對現實投降。人類無法阻止我們的科學；因著我們犯的錯，人類恐怕會滅亡。我們必須拋棄我們所擁有的知識，這我已經做了。只有這一條路可走，連你們兩個都別無選擇。」

「你這是什麼意思？」牛頓與愛因斯坦憂心忡忡地問。

「我的意思是，你們必須跟我一起留在瘋人院。」

英國脫歐公投的隔天，杜倫馬特的這部戲重新浮現我的心中。那一天，脫歐運動的領袖多明尼克・康明斯發表了一段令人不無驚訝的宣言。「如果你想在政治路上步步高升，」他在部落格上寫道，「我給你的忠告是：雇用物理學家，別雇用政治專家或發言人。」

實際上，康明斯並未依慣例求教於政治顧問，反而倚賴一個科學家團隊來組織他的宣傳活動；這些科學家來自加州最好的大學以及與「劍橋分析」公司擁有合作關係的加拿大數據公司——AggregateIQ。康明斯對這兩群專家提出的要求很簡單：替我瞄準目標，告訴我該派志工去哪裡、該敲哪些門、電子郵件要寄給誰、社群網站訊息要傳給誰、訊息內容又該怎麼撰寫。據康明斯這位脫歐戰略總監的說法，他們獲得的成果徹底超出他的預料。康明斯自己甚至下了一個令人不安的結論，「如果你年輕又聰明、對政治有興趣，你去大學選讀政治科學之前最好想清楚。你還不如去讀數學或物理。數學或物理讀完之後，你還是可以從政，而且你擁有的知識比政治學更有用、更應用無窮……要讀歷史書的話，晚一點總沒關係，不嫌遲；但要學數學的話，機會可不是永遠都在。」

面對這樣的論調，帶點保留態度是合情合理的。說到底，政治中出現過的科技往往到最後才發現是個吹出來的泡沫。總是有個人會跳出來宣稱贏家當選不是因為政治面的理由，不是因為他的主張最好、性格最有魅力，而是憑藉著某樣在美國堪薩斯州的科技重鎮威奇托（Wichita）或北馬其頓共和國的首都史高比耶（Skopje）某間地下室暗地運作著的、只有他知道的新科技，才能斬將搴旗。脫歐獲勝、川普當選後，這種論調也扶搖直上、如日中天，全世界的媒體都奮力投入一場搜索幕後黑手的狂熱運動，從臉書一路到劍橋分析，還有馬其頓的部落客以及俄羅斯的網軍農場，全都被直接指控是讓這些難以置信的結果得以成真的始作俑者。

不同位置的人都能透過誇大科技在選舉過程中扮演的角色得利，這也是真的。媒體呢，擁有了一套不同於政治學家慣常分析、嶄新且說來驚豔動人的故事。落敗者則可以說服自己和支持者，他們不是因為表現太差才被打敗，是黑暗力量從中搞鬼。至於康明斯這種策略家、技術專家、顧問，還有那些網路平臺，他們能吹噓自己改變了歷史的進程。從內部揭發劍橋分析不法手段的「悔罪者」克里斯多福．懷利（Christopher Wylie）對全世界直播他的懺悔，「我用我的演算法讓川普當選了」——他這麼做，為了自由、為了民主挺身戰鬥的成分少；幫他自己、也幫他假裝抨擊的公司打廣告的成分多。

然而，某些選舉的勝敗差距微小到，誰擁有以精準的方式影響幾張選票的能力，就能夠改變事態。賓夕法尼亞州有六百萬人投票，川普以四萬四千票的差距獲勝；在威斯康辛州，川普贏希拉蕊兩萬兩千票；在密西根州，川普只贏一萬一千票。

從此往後，我們不得不承認在科技與政治的關係中，有個關鍵已經改變了。

一直以來，科學家就夢想著將社會管理簡化為數學的公式，不再留餘地給人類行為中與生俱來的不理性及不確定性。兩個世紀以前，社會學的開創者奧古斯特．孔德（Auguste Comte）就已經把社會學定義為「研究社會現象的一門科學，以看待天文現象、物理現象、化學現象以及生理現象的精神看待社會現象；也就是說，社會現象遵循了不變的自然法則，而社會學研究的獨特目標，就是去發現這些法則。」自孔德以降，許多人提出了他們的「政治科學」圖景，但從未成功預測社會演進。

自古至今，人類的行為一直不是手段，而是最終目的。可是近幾年來，關鍵的現象產生了：史上頭一遭，人類的行為開始產出巨量的數據。

憑藉著網路與社群網站，我們的習慣、偏好、意見、甚至還有我們的情感，全都變得可以測量。如今，我們每個人行住坐臥時，都自願帶著自己的「隨身牢籠」，科技裝置讓我們可以被追蹤、能隨時接受動員。未來，有了物聯網（IoT）技術，我們的每一個行為都會產生數據流——不再只限於溝通或消費，甚至也包括刷牙、在沙發上睡著這樣簡單的舉動。法國哲學家、科技評論家艾黑克·薩當（Éric Sadin）為此提出了「生命產業」的概念，他認為這會是新時代經濟中前程最遠大的一個部門，將會蠶食鯨吞其他產業。

數據前所未有地大量產生，同時也代表了龐大的經濟利益，這就是為什麼物理學家在政治界擁有嶄新的角色。為了能更徹底了解這是個什麼角色，我想，最好遠離那些已經在政治應用大數據的舞臺上翻雲覆雨的科技弄蛇人，試著歸返本質。

這就是為什麼我決定造訪安東尼奧·艾瑞迪塔多（Antonio Ereditato）這位學者；他在日內瓦的歐洲核子研究組織（CERN）、芝加哥的費米國立加速器實驗室（Fermilab）以及日本茨城縣東海村的質子加速器研究園區（J－PARC）參與粒子物理學界最重要的國際實驗。他居住在瑞士伯恩，領導著高能物理實驗室（Laboratory for High Energy Physics）以及愛因斯坦基礎物理中心（Albert Einstein Center for Fundamental Physics）。對於應用在政治上的物理學，他興趣不大。「這都是已知的應用，」他在一間頗似出自「維也納工作聯盟」（Wiener Werkstätte）設計師手筆的簡樸辦公室接待我的時候，這麼表示。「至於真正的研究者呢，驅動他的是好奇心，他盼望能夠推進知識的邊界。了解世界是怎麼創造出來的，比創造一個世界需要更多的想像力，這無庸置疑。」

然而，他還是願意對我提出的主題發表幾點評論。「以物理學的角度來看，每個分子的行為皆不可預測，因為它們與其他無數個分子的互動決定了它們的走向。相反地，集合體的行為是可以預測的，觀察整個系統就可以推論出平均的行為。個體怎麼互動比個體的本質是什麼來得重要，系統整體來看也有它的特性、也遵守固定的規則，這些都讓它的走向變得能夠預測。物理法則也可以應用在人群的行為上。當然，我們絕不會像對待十億個分子那樣對待十億個人，但其中有共通可比之處；從這些共通之處出發，就算是混沌系統（chaotic systems），某些法則也能夠應用其上。」

「關於這一點，南尼．莫瑞提（Giovanni "Nanni" Moretti，義大利導演，導有《人間有情天》〔*La stanza del figlio*〕）說得好：話語是重要的。對物理學家來講，說一個系統是混沌系統不代表它亂無章法、我們沒辦法理解它；說一個系統是混沌系統，代表在我們談的這個系統裡，稍微改變初始條件就可能對它的走向產生巨大的影響。一個由人類彼此互動構成的系統可以是一個混沌系統；在它之中，好比說，一件假新聞就可以看作初始條件的小小修改，它會產生伴隨而來的巨大效應。」

才不過十幾年前，讓物理法則得以運用在人群之上的數據還不存在。但如今，我們已經有了這樣的數據。針對人群，我們所擁有的數據甚至還多於針對我們慣常研究的物理現象數據。「一般來說，」艾瑞迪塔多肯定道，「你分析一種氣體或一個古典統計物理學的系統時，你擁有的數據偵測器是比分子的數量少很多的。如今若你分析的是臉書，你會擁有幾乎跟分子（所謂的分子，就是臉書使用者）一樣多的數據偵測器。問題於是變成：怎麼詮釋這些數據？此時，物理學家的競爭優勢就浮現了：與政治學家相反，物理學家習慣處理巨量乃至無限大的數據。」

不久以前的政治場上，擁有科學精神仍然是不利的條件。確實，我們有民調，不過就算在最順利的狀況中，這些民調也只能針對民意的整體趨勢，給我們一個粗略的分析。每一個企圖更精準錨定目標的嘗試都免不了成本高昂，能給出的最好成果仍然是隨機的。到最後，政治中最重要的還是直覺，是擁有史學家修昔底德（Thucydide）般政治動物特質的，能夠嗅出風向、擇定天時的能力。修昔底德這位古希臘的哲人認為，領袖就是能夠「從當下一樣樣逼近的事態裡，預料到哪一件真正會發生」的人。

這樣的情況裡，任何欲運用科學管理政治的微小意圖，都顯得可笑。這是人的焦慮所導致的，人們不習慣正面對決政治素來獨具的兩項因素——風險與不確定性。如今，破天荒頭一遭，情勢已逆轉過來。

「介入一個系統前，」艾瑞迪塔多繼續說，「必須先搞懂它，這就是政治人物不知道怎麼做的。政治人物的判斷依據太少，靠著幾項民調及他們的直覺就做出決策。他們獲取最粗略的資訊，並根據這些資訊行事。好比說，薩爾維尼知道有些人反對移民，他試著贏得他們的選票。

「物理學家正相反，他們習慣去蒐羅盡可能多的數據，也就是說，能描述一個系統的變數的值。還有，他們幾乎都會先透過虛擬的實驗，將系統用盡可能不同的情況去跑過一次來完成模擬。以薩爾維尼為例，只知道有多少人反移民對他來說是不夠的，他也想知道有多少人反對移民的同時想讓義大利留在歐盟，或他盟友路易吉．迪．梅歐的選民超過了怎樣的極限就會撤回支持——不必懷疑，他的選民有點種族主義；可是，面對太過分的情勢，他們也有可能回頭與左派一起捍衛移民或捍衛歐洲。

「如今，上述問題或其他許多問題的即時答案，這樣的數據是存在的。可是，想得到這樣的數據，要能做到三件事：首先，要知道怎麼樣操作實驗；其次，要清楚如何蒐集數據；第三，要懂得分析數據。」

當然，不是只有物理學家懂得怎麼做到以上三件事。可是，所有的科學家裡，就屬物理學家把模擬現實的方法發展得最為先進。決定論的物理學在二十世紀初走到了盡頭。一九〇〇年一月，英國數學物理學家、熱力學之父開爾文男爵（Lord Kelvin）宣布，「該發現的都已發現完了，現在只剩一件事要做：讓測量愈來愈精準。」同年十二月，物理學家、量子力學創始人馬克斯．普朗克（Max Planck）為學界引入了量子力學最初的一些要素，從此打開了通往嶄新世界的門。從此以後，物理學不再是決定論宰制的領域，不再是種此因必得此果，因為變數徹底變得隨機了。有時，在這樣的情況中，一個問題無法再以嚴謹的、數字運算的方式解決，從此，人們藉著近似的解答來推進工作。

「這就是為什麼物理學家利用模擬來工作。這真的是我們思維模式的一部分。」艾瑞迪塔多繼續說，「我們甚至有點變態呢。人類如果建造一座沙堡，物理學家就是先蓋好它再慢慢挖走它的沙子，看看它怎麼垮掉，哪時候垮、從哪邊垮，諸如此類的那種人。接著，他會重複模擬個幾千次，直到搞懂支配沙堡穩定性的規則是什麼為止。

「如今，模擬也會用上真實世界的數據。一旦你完成了實驗、蒐集了數據並分析了它們，你就可以判定其中的關聯性，也就是說，一個參數的調整，哪怕調整的幅度微不足道，它如何影響整個系統。我們處理的案例中，一個系統有很多的變數、很多潛在的混沌效應。」

唯有在這個時候，才有可能動手干預系統，讓這一個而不是那一個效應產生。

「你會從最佳化系統的參數開始著手。以你想達到的目標為準，你改變某個東西，讓結果變得更好。你想要鼓動一個人點擊某個連結嗎？還是你想要賣出開心果口味的冰淇淋？你想要讓誰把票投給你嗎，還是你想讓他投票日時待在家？不管目標是什麼，總有比較有效的訊息跟比較沒效果的訊息。人們的點擊即時告訴你哪個有效、哪個沒效；從點擊的數據出發，你可以一直進行測試，不斷調整訊息的內容跟形式，保留有效、剔除無效的部分。顯而易見，每次你改進參數，你都修改了系統，所以你必須重新取得數據看看改變了什麼，接下來你才能再一次進行最佳化，然後再一次、再一次，這是一個幾乎沒有止盡的循環。」

具體一點講，在鼓吹脫歐的政治宣傳這個案例中，事情的進展如下。首先，物理學家拿Google的搜尋數據比對社群網站的數據、比對較為傳統的數據庫，辨認出脫歐的潛在支持者與他們在國境內的分布狀況。接著，他們利用一個在企業界廣受歡迎的臉書工具——「相似受眾創建器」（Lookalike Audience Builder）來找出「**能被說服者**」；也就是說，找出那些還沒支持脫歐但從他們的網路檔案推斷，有可能被說服的選民。

一旦找出脫歐的潛在票倉，康明斯跟他的物理學家就準備發動攻勢。他們的目的是：為每一名目標支持者構想出最有說服力的訊息。「在官方表定的十週公投宣傳期裡，我們主要透過臉書，發送了幾近十億則客製化的數位訊息；在投票前最後幾天，訊息發送的速度更是大大加快。」在這樣的戰場上，科學家的角色非常關鍵。臉書讓他們能夠同時測試幾十萬則不同的訊息，透過一套永無休止的最佳化程序來即時精選那些獲得正面、成功回應的訊息，以此打造出最能有效動員脫歐支持者、說服脫歐懷疑者的訊息版本。

憑藉著物理學家的工作，每一類的選民都收到了「專為您打造」的訊息：動物權倡議者收到的訊息談論了侵犯動物權的歐盟法規；狩獵人士收到的訊息呢，主題則是保護動物的歐盟法規；對極端自由主義者，就用訊息強調布魯塞爾的官僚體制真是疊床架屋；對國家主義者，就指出英國這個福利國家被歐盟吸走多少資源。而且，透過客製化訊息，物理學家得以找出最有效率的版本，從文字怎麼表達到字體怎麼設計都有最佳解。他們因此能依照即時紀錄的點擊分布，不斷將它們最佳化。

這種複雜的操作對投票結果確切有多少影響，這沒辦法估量。不過，一切都讓我們合理懷疑它影響重大。康明斯自己就寫了，「如果脫歐陣營的軟體負責人維多莉亞．伍德考克（Victoria Woodcock）被哪輛巴士撞翻，英國就會留在歐盟了。」

我們也必須注意到，脫歐宣傳可沒有獨家專營這種政治操作。世界各地的選戰裡，這類操作已經變得愈來愈常見。二〇一二年歐巴馬連任之役是個起點，該年的這一場美國總統選戰象徵著這類政治操作真正有了質的飛躍。

以政治的角度來看，大數據的降世可以比擬為顯微鏡的發明。往昔，以仍舊是隨機取樣的民調為依歸，政治公關顧問得以瞄準人口統計層面或職業層面的大群體，像是年輕人、公立學校教師、家庭主婦，凡此種種。如今，物理學家的工作能夠依據每位選民個別的特性，給出客製化的訊息。這樣的操作能讓宣傳比往日更有效率、更理性。不過，這同時也導致一些問題。照這樣做，如果比對數據後我們發現某個人特別關注治安問題，我們就能夠，好比說透過臉書，對他發送適合他的訊息，強調誰誰誰嚴肅看待治安，誰誰誰又把治安放水流，缺乏整肅的鐵腕——公眾與媒體完全不會知道我們發給這個人這樣的訊息。從此，我們就可以開始利用那些最具爭議的論述：只把這種論述發送給關注的人，如此就不會有風險丟失掉想法不同選民的支持。

這些運作大部分都在社群網站上進行，這意味著（至少，表面上看起來是這樣）這些操作以同儕間的交流呈現，而非自上而下傳達的官方訊息。無論是哪種形式的事實查核（Fact checking）都管不到這種病毒式宣傳。萬一不巧被揭發、公諸於眾，在幕後操弄的始作俑者政客可以很輕易地否認是他指使的。結果就是，某些人開始定義這樣的政治是狗哨政治（Dog-whistle politics）：政治就是對狗吹口哨，只有一些個體察覺並明白這樣的召喚，其餘的個體則什麼都沒聽見。

在這一點上，二〇一六年川普的總統競選活動又往前邁進了一大步。川普的數位政治公關顧問大舉投入臉書的操作，倚賴著馬克・祖克柏的公司慷慨贊助的技術人員團隊，這些數位政治公關顧問總共測試了五百九十萬則不同的訊息；希拉蕊發送的訊息則只有六萬六千則。川普的數位公關團隊以這種暴力破解的方式，實行了艾瑞迪塔多說的永無止盡的最佳化程序。然而，川普的競選團隊不只用大數據精算並發送最有效的訊息給自己的支持者，該團隊也端出龐大的數位手段來讓民主黨選民打消出門投票的念頭，尤其針對三種目標人群：初選時支持希拉蕊黨內對手伯尼·桑德斯的理想主義白人自由派、十八到三十五歲的年輕女性，以及居住在大城市貧民區的非裔美國人。

第一群人遭到訊息的狂轟猛炸，訊息內容強調希拉蕊與金融圈關係匪淺，凸顯她丈夫基金會的黑暗醜聞，更用上一切真真假假、能夠鞏固希拉蕊負面形象的資訊。希拉蕊被塑造成一個貪婪、腐敗、無可救藥地向「達佛斯黨」妥協的候選人。

至於第二群人，也就是年輕女性，川普團隊不斷提醒她們柯林頓政治生涯充斥著的性醜聞。這群年輕女性未必知道這些，因為這些醜聞發生在十年、十五年前。川普團隊把希拉蕊描繪成邪惡丈夫的共謀，她由於純粹懦弱、更因為無遠弗屆的政治野心，與丈夫沆瀣一氣。

最後，大城市貧民窟裡的非裔美國人是另一類訊息的目標。這些訊息提醒他們，比爾・柯林頓推行的社會福利改革終止了無條件的社會救濟。另外，這些訊息也提醒這些非裔美國人，希拉蕊曾在談話中把某種類別的有色人種男性形容成「超級獵食者」，而「讓他們屈服」是必須的。

這種種的努力中，合法的部分（也就是那些使用真影片、真資訊的操作）直接透過川普位於德州聖安東尼奧（San Antonio）的數位競選總部執行。至於陰暗隱晦、建立在欺瞞操弄與假新聞上的另一部分，則扮演了關鍵角色；這一部分由互不聯繫協調的第三方經營管理，包括另類右派的部落客與新聞網站等等，他們有的位於美國，也有的位於似乎想都想不到的地點，好比馬其頓或聖彼得堡。從這樣模糊難辨的網軍大雜燴中，誕生了針對希拉蕊最荒謬（同時也最受關注）的攻擊，從指控她販賣軍火給伊斯蘭國，一路指控到她在華盛頓最門庭若市的披薩店地窖裡祕密經營一個戀童癖俱樂部。

上述一切操作的結果是，投票那天，許多支持民主黨的選民都待在家裡，這就為川普的支持者敞開了白宮的大門。雖然後者在全體選民中，是不折不扣的少數。

這些混亂工程師的個別案例已是諸多新聞調查或司法調查的對象。在這些個案之上，我們至少可以做出兩點更概括、更普遍的結論。

首先，那一具超強機器。起初，它是為了以令人不敢置信的精確度，瞄準每一位消費者的喜好與渴望所打造的。如今，這具超強的機器已經迅雷不及掩耳地殺進了政治之中。

一開始，這具機器不是為了達成政治目的，而是為了商業目標而設計的。臉書與其他社群網站都是廣告平臺，它們提供企業異常先進的工具來觸及客戶。可是，機器一旦降世，它無庸置疑地也能為政治目的服務，就像最近幾年發生的事情那樣。然後，這些社群網站只不過是純粹的商業機器，它們沒有配備、也沒有動機去阻止這方面的失控與濫用。

這些社群網站只關心一件事：「互動」（engagement），也就是每一個用戶花在它們平臺上的時間。「互動值」的上升究竟是因為用戶被里爾克（Rainer Maria Rilke）的詩還是被反猶太主義的假新聞所轟炸，對臉書來說並不重要。恰恰相反。臉書的商業模式（business model）正是建立在它並不是一個新聞機構上；否則，它就必須在司法面前為它發布的內容擔負責任。正因模式如此，臉書必須不計一切代價保持中立，將所有內容一視同仁。對臉書而言，里爾克與猶太人大屠殺否定論（Holocaust denial）的支持者是平等的，且必須一直維持平等，否則祖克柏帝國賴以為基的結構會整個崩潰。

第二，有了這具機器，選戰愈來愈變成軟體間的戰爭，敵對的陣營用傳統的武器（公開發表的訊息、真實的資訊）以及非傳統的武器（欺瞞操弄、假新聞）彼此對抗，為了獲得兩樣結果：增加並動員我方的支持者、打擊敵方支持者的士氣。

這種競賽還沒完全取代傳統的政治競爭，然而，它變得愈來愈重要，也開始以明晰可見的方式影響我們的社會。

舊系統裡，每一名政治領袖都只有非常有限的工具去為他的選民分門別類。他可以針對某些粗略畫分的類別發送特定的訊息（好比說，工會、小企業主、家庭主婦），但就算要發送特定訊息，他也只能公開做。不管是誰，想要取得大多數人的共識（而不只限於一小撮人）的話，就得針對中間選民來發言，訊息也必須穩健溫和，這樣的訊息才能夠聚攏數量最多的人。

因此，傳統民主政治的競爭有往中間靠攏的傾向：誰成功占據政治對弈裡的中間路線，誰就能獲勝。

物理學家的世界運作的方式不同。在物理學家的世界中，想要達成共識的話，調校出一個能說服所有人的政治藍圖遠沒有那麼重要。因為，正如法國哲學家米歇爾・傅柯（Michel Foucault）在四十年前預言的那樣，大眾，也就是密集的人群，已經遭到了取消，取而代之的是彼此分離之個體的集合，每個個體都能以最精細的方式蒙受追蹤。

在這樣的情況下，目標從此變成要去找出每一個人各自在乎的議題，然後透過客製化的公關宣傳來運用這些議題。物理學家的科學讓彼此衝突的政治宣傳和平共處，直到投票的那一刻都不會狹路相逢。因此，在這個新世界中，政治傾向遠離中間路線。要做的再也不是以最小公約數集結人群，恰恰相反——是要點燃數量愈多愈好的小團體的熱情，再全部加起來；這些人甚至可能完全被蒙在鼓裡。發送給不同團體的訊息無可避免會彼此矛盾，但是無論如何，媒體與全體公眾是看不見這些矛盾的。

這道理不管對最溫和無爭的社群，像是集郵者或風箏衝浪的愛好者，或是對最危險的社群，比如宗教狂熱者與三K黨（Ku-Klux-Klan）的黨徒，都一樣成立。舊政治匯聚、集中式的政治運動邊緣化了極端分子；在物理學家的政治中，遠離中間路線的邏輯則讓極端分子的身價高漲。這樣的政治邏輯不將極端分子放在中間，因為中間已經不存在了；它提供極端分子一個空間並回應他們。

一股依循同樣邏輯的經濟動能同樣也加強了這樣的趨勢。英國記者、政治評論家尼克·寇恩（Nick Cohen）在《旁觀者》（*The Spectator*）雜誌上提到，也不過幾年前，當個政治上的極端分子可不是一件舒適愜意的事。想當個毛主義者（Maoist）或納粹主義者，要嘛必須有家業的庇蔭，好比英國法西斯主義領袖奧斯瓦爾德．莫斯利爵士（Sir Oswald Mosley）；要嘛就聽天由命，活在貧苦之中。如今可完全不一樣，網路為仇恨的散播者開啟了充滿商機的世界。英國反伊斯蘭宣傳家托米．羅賓森（Tommy Robinson）藉著煽動人心的演講，每個月進帳四千英鎊；他為了幫他的無線廣播錄音間添購設備，在一個群眾募資的網站上籌到了十萬英鎊。相對地，新媒體的邏輯既然是把重心放在能夠激起最強情緒的內容，也就為穩健溫和的思想家設下了障礙。這些溫和派比較沒能力透過網路營利，因此，他們自己以及留用他們的媒體都比較難賺取滿意的收入。

在這種環境下，政治領袖與政黨的行為也跟著改變。就算是「傳統」政黨，也漸漸提不起勁去構思一套邏輯完整的政治綱領，傳達能夠攔獲中間選民、僅此一套的訊息了；大家漸漸試著增加哪怕互相矛盾的政治訊息，以攫取五花八門的各種團體。就像我們在五星運動的例子裡所清楚觀察到，政治領袖與政黨搖身一變成為演算法，自己並沒有清晰的政治路線，卻憑藉數據風向球的幫助，能夠反映最駁雜紛呈的政治訴求。二〇一六年美國總統選舉期間，數學家凱西·歐尼爾（Cathy O'Neil）觀察到，川普除了動用數據打選戰，他自己的行為其實也宛如一套有血有肉的活體演算法：他發推特、他用各式各樣的評論轟炸大眾，接著根據受眾的反應修正他的發言。

跟果戈里（N. Gogol）的喜劇〈欽差大臣〉（le Revizor）一個模樣，政治領袖變成「中空的人」，「他談話的主題是那些問他話的人給的：正是這些人把話塞進他的嘴巴，把對話炮製出來。」我們唯一要求他添加的，是戲劇性。「永遠別讓人無聊」是川普嚴格遵守的唯一一條規則，這規則讓我們天天都有驚奇，就跟一部電視連續劇的懸念收尾那樣，讓觀眾離都離不開螢幕，等著看接下來那一集。

說到底，川普值得載入史冊的功勞尤其在於此，他是那位搞懂了總統選戰就是一檔驚腳無比的電視秀的人。這道戲劇性的規則，對今日入主白宮、宛如開拍電視影集《白宮女總統》（*Commander in Chief*）的川普來說，也一樣有效。畢普．格里羅好幾年來也採用同樣的手法。他的見面會就是他的一人秀，觀眾置身其中，恍如身在劇場：他們憤慨、他們時而感動，但最主要的，是他們一直笑、一直笑、一直笑。更讚的是，這全都不用付錢，一切免費入場……

今天，民粹政治運動的巨頭全都運用相同的法則。每一天，驚奇都劈向大眾：川普發了驚世駭俗的推特，奈傑．法拉吉舉手投足宛如登臺演戲，馬泰奧．薩爾維尼那廂又發了一串臉書。我們才剛評論完一件事，另一件事又爆發了，黯淡了前一件。在如此跑馬燈也似的過程中，邏輯與真假都遠不如引起多大的迴響來得重要。無論位在光譜的哪端，所有的主張都逃不開「聲量比真相重要」的法則——從不久前自稱是極左派的意見，一路到極右派的觀點，都臣服於這樣的規矩。不緩和、也不綜合這些主張，反而把所有主張都推到極端，接著再全加起來，這就像依著統計學家的邏輯去做那樣——統計學家，就是為了找出最佳平均溫度，把頭塞進火爐、腳塞進冷凍庫的人。

遠在網路與社群網站誕生以前，美國歷史學家彼得．蓋伊（Peter Gay）就鞭辟入裡地闡述道，德國威瑪共和的危機源自政治棋弈裡中間路線的垮臺；當時，溫和穩健的中間政黨為極端分子所取代。今天，嶄新的數位工具更是加速並鞏固了同樣的趨勢。如此趨勢在一切的危機時代、一切統治階級失去掌權合法性的時期都會出現。

是以，我們正再一次見證，排斥異己的少數偏執群體是如何決定歷史的進程。「人們怎麼會落得如此境地，讓某些書遭到查禁（或燒毀……）？」美國思想家納西姆．尼可拉斯．塔雷伯（Nassim Nicholas Taleb）自問。他接著提出了見解，「當然不是因為這些書冒犯了大多數人——大部分的人是被動的，不覺得書裡寫了什麼有多嚴重，至少沒有嚴重到讓他們起身要求查禁的地步。經驗顯示，只要幾個充滿幹勁的積極分子就足以查禁某些書，或把某些人列入黑名單。」會發生這種狀況，是因為排斥異己的少數群體就算人很少，也是堅定不移、不會改變意見的；其他的輿論中，很大一部分則是容易改變、有可塑性的。如果情勢使然，代價又不會太高，這些想法容易改變的人可能會決定追隨這些偏執的少數。這也就證明了英國哲學與經濟學家約翰・史都華・彌爾（John Stuart Mill）說得對，「邪惡會獲勝，只要好人都不作為。」

法國物理學家賽吉・加蘭（Serge Galam）以同樣的法則作為立論基礎，成為少數預測川普會當選的人。當時，所有的政治評論家都一講再講，川普這樣的候選人是不會當選的；再怎麼說，萬一川普真的贏了共和黨初選，就勢必要把路線變得溫和來靠攏中間。加蘭呢，則提出了背道而馳的理論，「川普靠兩樣東西獲勝：排斥異己的少數人，以及懂得包容的大多數人。川普透過挑釁的言論想喚醒偏見歧視，而寬容的大多數人雖不贊同，卻默默容許一切發生。」具體來說，加蘭認為，川普每一次以爭議的發言挑起醜聞，他其實既鼓舞了排斥異己的強硬極端派，也對其他人傳達了訊息，因此就降低了讓這些寬容者轉身贊成排斥異己的成本。「對立的論述交鋒，懷疑因之而生。此時，一個群體可能就選擇讓自己被重新遭到激發的不自覺偏見引導著去擁護川普，而不必明確承認自己就是心懷偏見。」

這種情況裡，排斥異己的少數，他們的數量至關重要。要讓懷疑能夠在意見容易改變的大多數人之中壯大，就必須先讓極端論述支持者的數量上升到某個臨界點。這就是為什麼川普與其他民粹主義者沒辦法放棄他們最極端的支持者。正是這些極端支持者構成了他們動員斬獲支持的基石。

這乃是遵循一套社會科學學者都很明白的邏輯：涓滴理論（trickle-down theory）。面對一種新的主張，我們會看看主張是誰提的，也會求教於我們身邊的人，將他們當作參考指標：這個主張可以接受嗎？值得贊同嗎？還是我們應該拒絕這樣的主張，因為它是錯誤的或它誤導人？為了讓這些問題有個答案，我們會尋求其他人的意見，這是人類身為社會動物的天性。也因為，無論怎麼講，求教於人總是最理性的做法。大部分的問題，我們都沒有第一手的資訊，只能信賴對我們來說似乎是主流意見的見解。我們並沒有親自證實地球繞著太陽轉、納粹在二戰期間滅絕了六百萬猶太人、疫苗根除了人類史上最凶惡的疾病。然而，至少一直到最近，我們的社會中，上述事實都廣獲認同為真。

面對一項新資訊、一樣新主張，每個人抗拒接受的門檻都不同。某些人比較容易接受，因為這項新資訊、新主張跟他已經擁有的信念若合符節；也有一些人的抗拒門檻比較高。然而，無庸置疑的是：接受新想法（好比說，「疫苗導致自閉症」或「難民就是恐怖分子」）的人愈多，那些不容易說服的人所抱持的抗拒門檻就愈低。一旦人數達到某個臨界點，一個團體就有可能還算無縫無痛、不起漣漪地接受起初只有一小撮人贊同的意見或行為。二十世紀的歷史裡，這已經發生好幾次了。如今，網路與社群網站看來正刻意加速、增多認知的狂潮，這種輿論悄聲位移的現象也昭然可見。

網路上，極端分子的網站、部落格、臉書頁面，這些堅定不移的核心群落組成了挹注川普、奧班、薩爾維尼票倉的認知狂潮的首要源頭。當然有時候，確實有一雙幕後黑手捏造著荒謬無稽的假新聞；我們更不排除，假帳號跟機器人程式恐怕對大量發生的認知狂潮也出力推了一把。老實說，這太常發生了。然而，關鍵還是在於，無論從哪個角度看，極端分子都已成為系統的中心。為討論調性一槌定音的正是他們。

往昔，政治競爭是精心修整一套將人聯合起來的訊息；如今，政治競爭是用最徹底、最響亮的方式將人打散。要攻克多數，就不該再往中間靠攏，而是要把各個極端加總起來。

言歸物理學的正傳。問題在於，一個以離心運動為特徵的系統必然愈來愈不穩定。自然界的氣體如是，人類的群體亦如是。治理一個充斥著愈來愈強的離心力的社會，這究竟能撐到哪時候？

經濟層面上，體制的崩解從三十年前就開始了。當時，科技創新與市場開放結合而成的動能開始加深人與人的不平等。

資訊層面上，離心的過程開始得比較晚，但也已走得很遠了。跟往日一樣，人人因為讀報、因為定期收看電視新聞，接觸的訊息差不多都相同的公共領域（public sphere），如今已近乎一去不復返了。

政治是最晚的，但現在也開始了一樣的進程。政治道別了柯林頓與布萊爾的「第三條路」（Third Way），或布希與卡麥隆不同形式的「富同情心的保守主義」（compassionate conservatism）仍然象徵著的向心邏輯，進入了離心策略的時代，鼓舞然後加總著極端分子。崩潰點危如累卵地迫近中。

更糟的是，解放公眾的動物本能（animal spirits）與他們最隱密、最暴力的衝動相對簡單，將這些本能與衝動重新約束回去則難上許多。川普、薩爾維尼、波索納洛跟其他的民粹領袖遲早會辜負他們襲捲起的厚望，也遲早會失去選民一致的支持。然而，他們帶來的政治風格由恐嚇、侮辱、種族主義的影射、存心的謊言以及陰謀所組成，這樣的政治風格幾十年來都側身體制的邊緣，從今以後則占據了體制的中心。今日注視著政治的新世代正在接受反自由民主的行為與準則所構成的公民教育，這將會形塑他們未來的態度。禁忌一旦打破，就不可能再恢復：當現在這些政治領袖過氣了，服食慣了國族民粹主義這種強力毒品的選民，不太可能要求重返花草茶般清淡的傳統政黨。選民會要求新的東西，這東西或許還會比國族民粹主義更強烈刺激。

結論

量子政治的時代

羅妮・麥克米倫（Ronnie McMiller）為貓奉獻了一生。她執掌英國諾丁罕郡艾德沃爾頓（Edwalton）的米爾伍德貓咪救援中心（Millwood Cat Rescue）已逾二十年，提供該郡遭到拋棄的貓一間庇護所：當貓咪有難，她就收容牠們，給牠們一個遮風避雨的地方，等待因緣將貓咪託付給新的家庭。英國人對寵物的熱愛歷久彌新，這樣的家庭在當地所在多有。

可是，最近羅妮注意到一個怪現象。她收容的貓咪中，黑貓的比例大幅上升。黑貓比以前多，替牠們安置新家庭也變得困難許多。

羅妮很困惑。黑貓的名聲以前是不好沒錯，因為故事杜撰牠們會帶來厄運或跟巫術牽扯不清，可是這些觀念早就過時了。難道這些舊日的迷信捲土重來了嗎？話說回來，觀察得再仔細一點，會發現這現象不只發生在黑貓身上；總的來說，所有毛色深的貓都無一倖免。就為了一個管他是什麼的原因，人們似乎更想脫手這些貓，也不想再領養牠們了。「你們沒有其他的了？」她對一個孩子提議帶隻美麗的小黑貓或小虎斑貓回家時被這麼問道。

這件奇事對羅妮來說一直是個謎；主要是她已經超過七十歲，有些事她是想不到的。可是有一天，有個人終於解釋給她聽，這個人講話時臉不紅、氣不喘，好像這正常得要命，「其實啊，你想想就懂，自拍的時候，深色貓很難拍得清楚。我們看不清牠們的外表，牠們看來就像一塊烏漆嘛黑、歪七扭八的東西。白貓跟橘貓這麼上相，誰又會想抱著一隻黑糊糊的小怪獸現身登場？」

羅妮震驚得嘴巴都合不攏。她感到憤怒：中世紀的黑暗時代以來，壓在黑貓身上的詛咒竟為了一個這麼蠢的原因而持續傳下去，這怎麼可以？於是她拿起電話，打給英國皇家防止虐待動物協會（Royal Society for the Prevention of Cruelty to Animals）。將近兩個世紀以來，這個令人景仰的機構一直呵護照看有幸在英倫三島生活的動物，照顧牠們的福祉。她將上述現象通報給協會，協會的答覆卻讓她再度大驚失色。

艾德沃爾頓發生的事遠非孤例。因為，整個英國都挺身與黑貓作對。根據該協會的統計，近年深色貓在英國收容所裡的比例不斷攀升，接受收容的貓中，深色貓已達總數的四分之三。大不列顛從東到西、從南到北，女王的臣民與地球上的其他人一樣忙著瘋狂自拍，大量拋棄最不上鏡的那些貓。話說回來，自拍文化的受害者不只是貓。

在這個大眾集體自戀的紀元，代議民主恐怕會落入和黑貓差不多的境地。因為它的基本原則——中介代議，與時代精神、與在一切領域都讓人得以去除中介的新科技，在在都水火不容。如是，代議民主建基在尋找妥協的要求上，消費者卻早已習慣按個鍵、需求就被滿足；代議民主勢必費時，這就激起了消費者的憤慨。連一些枝微末節也是，代議民主似乎專為傷害自拍沉迷者的自我而生。投票要遵守祕密原則？為什麼？新時代的規矩「同意」，或不如說是「要求」吧，讓大家無論哪種場合都可以自拍，從搖滾演唱會一路到葬禮都可以暢爽入鏡。不過，要是你敢在圈票處自拍，他們就要你全部刪掉？這就不是亞馬遜網購和社群網站讓我們習慣的處理方式啊！

新崛起的國族主義群眾運動也源於同樣的不滿。他們幾乎總是將和拋棄黑貓一樣拋棄代議民主的主張，擺在計畫的核心，這舉動也就並非偶然了。

正如我們先前所見證，五星運動這個由老卡薩雷吉歐提出、小卡薩雷吉歐看來並未放棄的偉大點子，正是為了創立數位直接民主以取代古老的議會體制而存在。孔蒂先生主導的義大利政府還創設了一個自我矛盾的奇怪職稱：「國會關係及直接民主（**Rapporti con il Parlamento e democrazia diretta**）部長」。接著輪到法國的黃背心運動，該運動的參與者在每個領域都將公民倡議公投（**citizens' initiative referendum**）當作他們政治主張的核心。

然而，在關注政治藍圖前，我們應當注意到，早在新式民粹運動對支持者提出參與邀請時，某些超前代議民主、代議民主力不能及的東西就已存在於這樣的邀約之中。觀察家幾乎一貫忽略這個面向，但要了解為何這些政治運動吸引力這麼強，這個面向是關鍵。參與的意願幾乎總源於怒火，但參與的經驗，不管是加入五星運動、力挺川普革命，還是投身黃背心運動，都令人身心靈得到滿足，往往還快樂得要命。

傳遍全世界的黃背心運動拍出了香榭麗舍大道的暴力事件及商店慘遭蹂躪的影像。然而在社群網站上，我們也看見無數慶典般的情景：示威者就著民謠小調的旋律在馬路圓環上翩翩起舞，以彼此戲弄譏嘲為樂。儘管這場行動的政治目標沒有達成，對真正活得與世隔絕的人來說，投入這場民粹狂歡節代表歸屬進一個社群，在某種意義上改變了人生。

五星運動的修辭與川普的集會中，我們都可以發現某種心靈成長課程，宣稱要解放每個人壓抑過久的能量。「川普成功的關鍵在，」《滾石雜誌》的馬特．泰比寫道，「他主張，老派的禮節教養是那些沒有意願、沒有膽量、也沒有『川普態度』（Trumpitude），所以沒辦法單刀直入做自己的輸家在遵守的。」這樣強而有力的訊息帶來解放，完美輝映著這個大眾集體自戀的時代。

實體層面以外，擁護國族民粹運動的浪潮達到巔峰造極之境的所在，是虛擬的世界。這一方虛擬的壤土上，混亂工程師精心調校的演算法讓每個人都覺得自己躋身一場名留青史的揭竿起義的核心。昔日，人人相信自己註定要逆來順受忍受歷史；如今，他們感覺自己終於躍為歷史的推動者。

脫歐的標語是「奪回控制權！」（Take back control），而這也是所有國族民粹主義的首要論述，這樣的論述以人類的原始本能為基礎。奧裔美籍心理學家布魯諾．貝特罕（Bruno Bettelheim）訪談了納粹集中營的倖存者，發現那些在集中營的日常生活中，能建立一方自己坐擁控制權的園地的人（儘管這方園地純屬想像），尤其能存活下來。心理學家研究安養院中的老人，也得出一樣的結果。不管是選擇小至要掛哪張畫，還是移動一件家具，如果我們讓安居於此的老人有機會自己做決定，那麼，與逼迫他們全盤接受他們無法置喙的生活條件這種情況相比，對生活有控制權的老人更能活出品質、活出長壽。

這種控制的欲望強到，就算在自認已全盤委身機運的情況中，如此欲望仍舊與我們相伴相依。好比說，賭骰子的人希望能親手擲骰子；在擲出來的結果暫不公開的情況下，他在擲之前願意下的賭注遠比擲之後來得高。其他的賭博同樣如此：買彩券的人想自己挑一張、扔硬幣看正反面的人比較喜歡自己扔，這就是控制感的重要性。這個人類本能的根扎得如此深，人永遠不會丟失它，就算賭的是俄羅斯輪盤也一樣。

從本質來看，民主無他，如此而已。民主這套體制，讓一個共同體的成員得以控制自身命運，讓他們不覺自己受外在事件或隨便哪一種高層力量的擺布，更保障所有為個人選擇及其結果負責的獨立個體的尊嚴。這就是為什麼，許多地方的選民都認為當自己的幸福遭受外在勢力的威脅，統治階級卻連抬抬小指頭幫幫他們都懶，因此感到對自身命運失去了控制，這時候，我們不能視若無睹。

混亂工程師很清楚這種不幸可以轉化為巨大的政治資源。他們動用了相當邪惡的魔法去繁殖如此不幸，並將這些不幸引導去配合他們的意圖。從政治藍圖的角度看，對選民丟失控制感這件事，國族民粹主義者提出的解答非常老套：閉關自守。關閉國界，廢除自由貿易協定，築起象徵或實體的牆隔絕外界以保護裡面的人。然而，就像我一路行文至此意欲描繪的那樣，就形式與工具來看，混亂工程師的能力相較之下遠遠超前。我們不妨再次引用伍迪・艾倫這一句：在高科技自戀的紀元裡，「壞人想必洞悉一些好人所不知道的事。」

英國演員班尼狄克・康柏拜區（Benedict Cumberbatch）在一部以脫歐為主題的傑出電影《脫歐之戰》（*Brexit: The Uncivil War*）中飾演多明尼克・康明斯。電影中的康明斯適切地總結如何透過新科技善加利用當代的怒火，「這就好像我們人在一架鑽油平臺上面，深深的海底有多年積累的、隱藏著的，全部的能源礦脈。我們要做的，就是找出它們在哪，向下挖，然後打開閥門、釋放壓力。」

為了獲致如此的成果，混亂工程師有時會用上非法的手段。脫歐宣傳活動如今正遭受調查，因為他們使用了AggregateIQ公司蒐集的數據，該數據讓他們能在選戰期間對英國選民發送超過十億封量身訂做的訊息。

不過，除了這些濫用，混亂工程師的力量在於他們讓人想起，政治不只是由數字跟利益所組成，我們恐怕已經邁入嶄新的世界。然而，某些基礎不會改變。要贏，當個模範生是不夠的，還要懂得為人民指引明路，尤其要懂得怎麼去喚醒熱情。領導統御的能力與政治願景的力度仍是關鍵。沒有任何一個成功的政治計畫不包含感染力十足的改造現實的想望，就算這個想望只是想帶著人民倒退回去也一樣，如同大多數國族民粹主義者的期望。

僅僅一個世代，進步主義者就從「把你們的夢想當成現實」妥協成「把現實當成你們的夢想」。歐巴馬在他的總統任期中（甚至當選總統那一刻就開始了），從他初露頭角的口號「我們做得到」（yes we can），轉變成他在白宮的行為準則「別幹蠢事」（don't do stupid stuff）。

一旦進步主義、自由主義的各種溫和政治勢力沒辦法提出一個激勵人心的未來願景，他們就會不斷衰退。這樣的願景必須能夠以富說服力的方式，回應政治學家多米尼克．黑尼葉（Dominique Reynié）口中的「傳承危機」。「傳承危機」指的是如今廣為流布的擔憂，人們憂心會同時失去物質的傳承，也就是生活水準；以及非物質的傳承，也就是生活方式。

這本書的宗旨，容我再行申述，並非是要否定對此危機提出具體解答的重要性。然而，歷史告訴我們，二十世紀最大的改革家——美國總統小羅斯福（Franklin Delano Roosevelt）也選擇將他的政治願景與一種理解政治公關的新方式結合起來。這讓他得以遏止同時代民粹分子得勝。一九三〇年代初，羅斯福新政（The New Deal）也標誌著新政治（New Politics）的誕生，這種新政治融入了私部門發展出的行銷與廣告技術來回應選民的期待與要求。另外，第一批現代的政治公關顧問就在此時期湧現；我們的混亂工程師正是他們久遠以後的模仿者。

如今，網路與社群網站猝不及防殺進政治之中，再一次改變了遊戲規則。弔詭的是，網路與社群網站的政治介入是以愈來愈精準的計算為基礎，產生的效果卻恐怕愈來愈不可預測、愈來愈失去理性。要詮釋這樣的變革，就必須真正改變詮釋的典範（paradigm）。有點像上個世紀的科學家被迫揚棄古典力學令人安心卻充滿誤導的確定性，開始探索令人不安卻更能解釋現實的量子力學；從今以後，我們必須接受，舊的政治邏輯業已畫上了休止符。

古典力學在它那個時代，以肉眼或望遠鏡的觀察為基礎。它刻畫了一個機械性的、永不改易的幾條定律支配著的宇宙；這樣的宇宙裡，某個原因產生某個結果。二十世紀初，科學家仍然認為不可分割的最小單位就是原子——一個性質穩定、所以每個行為都能預料的粒子。然而，馬克斯・普朗克與其他幾位量子力學的奠基人翩翩來臨，搞亂了這個令人心安的描述現實的方法。

我們今天知曉了，原子是可以分割的，它裡面還含有行為大大不可預測的粒子——這些粒子隨機移動、缺乏一致性，甚至僅僅是觀察它們，就已改變了它們的行為。

量子力學充滿矛盾、充滿挑戰科學理性法則的現象。這門學問為我們展露一個一切都不穩定、客觀的事實無法存在的世界——因為，每個觀察者無可避免都以自己的視角為基礎，改變著客觀事實。在這裡，物體的相互作用比個別物體的性質來得重要，好幾種相互衝突的真實可以共存，一種未必會推翻另一種。

用類比的方式來談，古典力學風格的政治適合一個總體來說理性、可控制的世界。這樣的世界中，一個行動對應到一個反應；至於選民，則不妨看作以各種認同為其性質的原子。包括意識型態認同、階級認同或領土認同，這些認同產生出明確且恆定的政治抉擇。某種角度來說，自由民主制就是一種古典力學風格的結構，建基在權力分立（separation of powers），以及相信統治者與被統治者都能憑藉客觀現實做出理性決定的信念上。推到極致，便是這樣的觀看角度，讓美國政治經濟學者法蘭西斯·福山（Francis Fukuyama）得以在柏林圍牆倒塌後不久，宣布「歷史的終結」。

量子政治中，客觀的事實並不存在。每樣事物都以暫時的方式，依據與其他事物的關係來定義。尤其，每個觀察者都決定了他自己認知的事實是什麼模樣。Google前執行長艾力克·施密特（Eric Schmidt）說得好，在新世界裡，我們愈來愈沒辦法接觸到未為我們量身打造過的內容。蘋果電腦、臉書以及Google自己的演算法讓我們每個人收到自己感興趣的資訊。就像祖克柏所說，如果和非洲的饑荒相比，我們更關心牢牢抱著家門口那棵樹的一隻松鼠，演算法就會對我們狂轟猛炸周遭所有齧齒動物的消息，將地中海另一頭非洲所發生的事徹底排除在我們的視野外。

是故，量子政治中，我們每個人目睹的世界究竟是什麼版本，其他人是完完全全看不見的。這讓互相理解愈來愈不可能。常民的智慧告訴我們，要彼此理解，就必須「將心比心、換位思考」。然而，在演算法掌控的現實裡，這麼做變得不可能。我們每一個人都在自己的無塵室裡，某些聲音在裡面聽得見，某些聲音聽不見；某些事實存在，某些事實不存在。我們毫無離開無塵室的機會，更別說跟別人彼此交換位置了。「我們對彼此來說，似乎都瘋了。」傑倫．拉尼爾說。他說得非常正確，造成我們分歧的不再是我們面對事實的看法，而是事實本身。

在昔日古典力學風格的政治中，美國社會學家、同時也從政的丹尼爾．派屈克．莫尼漢（Daniel Patrick Moynihan）的提醒——「每個人都有權擁有自己的意見，但無權擁有自己的事實。」也許仍然值得採納，可是，這樣的原則在量子政治中已經行不通了。所有想對抗薩爾維尼與川普們、重新樹立此一原則的人，都註定會失敗。

量子政治充滿矛盾：億萬富翁成為窮人怒火的掌旗手，公共政策的決策者將無知變成值得追隨的信仰，部長否認自己機關提出的數據。法國詩人波特萊爾（Charles Pierre Baudelaire）提到，藝術家有權自我矛盾、有權拂袖而去；新一代的政治人物則變成：有權自我矛盾、有權穩坐官椅，用一波波的推特與臉書動態什麼都主張、什麼都矛盾、什麼都不奇怪，一磚一瓦地為每位追蹤者打造出平行事實。

此後，聲嘶力竭要求大家遵守古典力學政治的遊戲規則已經沒有意義。「量子力學，」安東尼奧．艾瑞迪塔多在他最近一本書中寫道，「是一門難以掌握理解的物理理論，因為它和我們的直覺、和幾世紀來我們看世界的習慣方式正面對撞。」但是，物理學家可沒有丟盔棄甲、舉手投降。懷著耐心與好奇心，面對普朗克一夥人的發現推著他們跌入的這個新世界，物理學家開始探索它的座標。

政治上，這樣的態度與另一位大改革家——約翰．梅納德．凱因斯（John Maynard Keynes）意欲召喚的精神不謀而合。第一次世界大戰與俄國共產革命後不久，凱因斯在自由主義的夏季學院對一群年輕的自由主義者這樣說——

「我們的政治家擁有的智慧幾乎全都以一些前提為基礎，這些前提在某個時代為真或部分為真，如今卻一天天漸漸失效。我們必須為新時代創造新智慧。同時，要是我們盼望重建美好的事物，我們將必須在所有的先行者眼中像個異端，顯得不恰當、危險、桀驁不馴。」

凱因斯這個既富創造力、又十足顛覆的精神，所有心繫民主的人士正應當納為己用，以為接下來幾年的政治重新創造形式與內容——假設，這些心懷民主之人盼望，在量子政治的時代裡，他們能夠挺身捍衛他們的價值、他們的主張。

參考資料

導言

Toutes les citations de Goethe par Johann Wolfang Goethe, *Voyage en Italie* (1786-1788), Milan, Rizzoli, 2007.

Pour une reconstruction des caracteres fondamentaux du style carnavalesque: Mikhail Bakhtine, *L'oeuvre de François Rabelais et la culture populaire au Moyen Âge et sous la Renaissance*, Paris, Gallimard, 1982.

Pour une lecture carnavalesque du populisme: David Brooks,《The Lord of Misrule》, in *The New York Times*, 17 janvier 2017 ; Elizaveta Gaufman,《The Trump Carnival: Popular Appeal in the Age of Misinformation》, in *International Relations*, I-20, 2018.

La citation du *Financial Times* ouvre l'editorial non signe《Rome opens its gates to the modern barbarians》, du 14 mai 2018.

Toutes les citations de Dominic Cummings presents dans le livre sont extraites de son blog: https://dominiccummings.com.

La citation de Milo Yiannopoulos est extraite de sa video《The Politics of Halloween》: https://www.youtube.com/watch?v=e_muE9faO_g.

La citation de Mencius Moldbug est extraite de: Jaron Lanier, *Ten Arguments For Deleting Your Social Media Accounts Right Now*, Londres, The Bodley Head, 2018.

Sur le populisme digital: Francis Brochet, *Démocratie smartphone: Le populisme numérique, de Trump à Macron*, Paris, Francois Bourin, 2017 ; Alessandro Dal Lago, *Populismo digitale: La crisi, la rete e la nuova destra*, Milan, Raffaello Cortina, 2017 ; Massimiliano Panarari, *Uno non vale uno: Democrazia diretta e altri miti d'oggi*, Venise, Marsilio, 2018.

Le livre de George Osborne est *The Age of Unreason*, Londres, William Collins, 2019.

第一章｜民粹主義的矽谷

La version integrale de mon entretien avec Steve Bannon a ete publiee dans *Il Foglio* du 1er octobre 2018 sous le titre《Il diavolo veste Bannon》.

Pour une reconstruction detaillee du parcours de Steve Bannon: Joshua Green, *Devil's Bargain. Steve Bannon, Donald Trump and the Nationalist Uprising*, New York, Penguin Press, 2017.

Le comte de Ennio Flaiano: *Un marziano a Roma, in Diario notturno*, Milano, Adelphi, 1994.

La citation de Mark Lilla est extraite de: Mark Lilla, *The Shipwrecked Mind: On Political Reaction*, New York, New York Review Books, 2016.

La citation de Winston Churchill est extraite de *The Times*, 21 janvier 1927.

La citation de Francesco Saverio Borrelli est extraite de Giovanni Orsina, *La democrazia del narcisismo. Breve storia dell'antipolitica*, Venise, Marsilio, 2018, p. 151.

Pour une analyse de l'Italie comme laboratoire politique contemporain: Ilvo Diamanti –

Marc Lazar, *Popolocrazia: La metamorfosi delle nostre democrazie*, Bari, Laterza, 2018.

第1章｜政治界的Netflix

Le recit de la premiere rencontre entre Beppe Grillo et Gianroberto Casaleggio est extrait de la preface de Beppe Grillo dans le livre: Gianroberto Casaleggio, *Web Ergo Sum*, Milan, Sperling & Kupfer, 2004.

J'ai deja ecrit sur le Mouvement 5 Etoiles dans le livre *La rabbia e l'algoritmo: Il grillismo preso sul serio*, Venise, Marsilio, 2017.

D'autres analyses du Mouvement sont proposees dans: Obsolete Capitalism (edite par), *Nascita del populismo digitale. Masse, potere e postdemocrazia nel XXI secolo*, Obsolete Capitalism Free Press, 2014 ; Giuliano Santoro, *Breaking Beppe. Dal Grillo qualunque alla Guerra civile simulata*, Rome, Lit Edizioni, 2014 ; Federico Mello, *Un altro blog è possibile. Democrazia e internet ai tempi di Beppe Grillo*, Reggio Emilia, Imprimatur, 2014 ; Jacopo Iacoboni, *L'esperimento. Inchiesta sul Movimento 5 Stelle*, Bari, Laterza, 2018. Presque toutes les citations de Grillo et de Casaleggio presentes dans l'ouvrage sont extraites de ces textes, mais aussi du Blog www.beppegrillo.it et de Nicola Biondo e Marco Canestrari, *Supernova*, Milan, Salani, 2018.

Le livre de Davide Casaleggio cite est: Davide Casaleggio, *Tu Sei Rete. La rivoluzione del business, del marketing e della politica attraverso le reti sociali*, Milan, Casaleggio Associati, 2012.

Le parallele entre le Mouvement 5 Etoiles et Netflix se trouve dans l'entretien donne par Davide Casaleggio au *Corriere della Sera*, le 3 avril 2017.

第三章｜瓦爾多熊征服地球

La these sur la rage est developpee dans: Peter Sloterdijk, *Colère et temps*, Paris, Libella-Maren Sell, 2007.

Les slogans punitifs sont mentionnes par Simon Kuper,《Populists and the glee of punishment》, in *The Financial Times*, samedi 25 mars / dimanche 26 mars 2017.

La citation de Jonathan Franzen est extraite de: Francesco Pacifico,《Jonathan Franzen racconta Donald Trump》, in *IL – Idee e Lifestyle del Sole 24 Ore*, 9 mars 2017.

Sur le rejet des elites lie aux nouvelles technologies: Thomas M. Nichols, *The End of Expertise: The Campaign against Established Knowledge and Why It Matters*, New York, Oxford University Press, 2017.

Sur l'impatience liee aux nouvelles technologies: Gilles Finchelstein, *La Dictature de l'urgence*, Paris, Fayard, 2011.

La citation de Sean Parker est extraite de Jaron Lanier, *op. cit*.

Les donnees sur l'usage compulsif des smartphones sont extraites de Jean Abbiateci,《Mon smartphone, mon obsession》, in *Le Temps*, 12 decembre 2017.

Pour une lecture psychanalytique de la rage: Daniel Marcelli, *Avoir la rage. Du besoin de créer à l'envie de détruire*, Paris, Albin Michel, 2016.

Le roman autobiographique de Simone Lenzi est *In esilio*, Milan, Rizzoli, 2018.

L'etude du MIT sur la rapidite de la propagation des *fake news*: Soroush Vosoughi, Deb Roy, Sinan Aral,《The spread of true and false news online》, in Science, 9 mars, 2018.

La citation de Jaron Lanier est extraite de: Jaron Lanier, *Dawn of the New Everything: Encounters with Reality and Virtual Reality*, New York, Henry Holt & Co., 2017.

Les liens entre Facebook et les explosions de violence partout dans le monde sont racontes, entre autres, par Evan Osnos dans《Ghost in the Machine》, in *The New Yorker*, 17 septembre 2018.

Sur le role de Facebook dans le mouvement des gilets jaunes: Vincent Glad,《Dans le combat final des gilets jaunes, Jupiter va affronter des moderateurs Facebook》, in *Libération*, 30 novembre 2018 ; Olivier Ertzscheid, "Les gilets jaunes et la plateforme bleue", in *Affordance.info*, 19 novembre 2018, https://www.affordance.info/mon_weblog/2018/11/gilets-jaunes-facebook-bleu.html.

La citation de Marylin Maeso est extraite de: *Les Conspirateurs du silence*, Paris, Ed. de l'Observatoire, 2018. Pour une reflexion philosophique sur les dynamiques des reseaux sociaux: Raphael Enthoven, *Little Brother*, Paris, Gallimard, 2017.

Toutes les citations d'Arthur Finkelstein presentes dans le livre sont extraites de sa conference du 16 mai 2011 a l'Institut Cevro de Prague. Video: https://www.youtube.com/watch?v=IfCBpCBOECU.

Pour une description du fonctionnement de la propaganda digitale de la Ligue: Steven Forti, 《La bestia, ovvero del come funziona la propaganda di Salvini》, in *Rolling Stone*, 11 juillet 2018.

Les citations de Luca Morisi sont extraites de Bruno Vespa, *Rivoluzione. Uomini e retroscena della Terza Repubblica*, Milan, Mondadori, 2018, et de You Trend, 《A tu per tu con lo spin doctor Luca Morisi》, in *You Trend*, 11 octobre 2018, https://www.youtrend.it/2018/10/11/atu-per-tu-con-lo-spin-doctor-luca-morisi-intervista/.

Sur la campagne digitale de l'AFD en Allemagne: Vernon Silver, The German Far Right Gets American Aid, in *Bloomberg Businessweek*, 2 octobre 2017.

Sur la campagne digitale de Jair Bolsonaro au Bresil: Ryan Broderick, 《Everything You Need to Know About Jair Bolsonaro, The Donald Trump of Brazil》, in *Buzzfeed*, 8 octobre 2018, https://www.buzzfeednews.com/article/ryanhatesthis/meet-jair-bolsonaro-the-evangelical-far-rightanti-gay.

La citation d'Andy Wigmore est extraite de Tim Shipman, *All Out War: The Full Story of Brexit*, Londres, William Collins, 2017.

Le parallele entre l'electricite et les algorithmes est de Paul Vacca, 《Les algorithmes de la colere》, in *Trends Tendances*, 5 avril 2018.

第四章｜酸民當老大

Les donnees sur les recherches Google et les adhesions a Stormfront durant la nuit de l'election d'Obama sont extraites de: Seth Stephen-Davidowitz, *Everybody Lies: Big Data, New Data, and What the Internet Can Tell Us About Who We Really Are*, New York, Harper Collins, 2017.

Pour une reconstruction originale et eclairante de la campagne de Donald Trump: Matt Taibbi, *Insane Clown President. Dispatches from the 2016 Circus*, New York, Spiegel & Grau, 2017.

Sur le rapport entre Steve Bannon, Milo Yiannopoulos et les *gamers*: Joshua Green, *op. cit.* ; Martin Moore, *Democracy Hacked: Political Turmoil and Information Warfare in the Digital Age*, London, Oneworld, 2018. De ces deux textes sont aussi extraites la majorite des citations de Bannon et Yiannopoulos.

La citation d'Andrew Breitbart est issue d'une interview donnee a *Accuracy in Media*, le 5 mai 2011, https://www.aim.org/podcast/take-aim-andrew-breitbart/. Son livre est *Righteous Indignation: Excuse Me While I Save the World*, New York, Grand Central Publishing, 2011.

L'enquete sur les Clinton financee par Bannon est: Peter Schweizer, *Clinton Cash: The*

Untold Story of How and Why Foreign Governments and Businesses Helped Make Bill and Hillary Rich, New York, Harper, 2015.

Sur le passage a droite de la transgression: Franco Berardi dit《Bifo》, *Futurabilità*, Rome, Nero, 2018.

La citation du producteur de Reality Shows: Seth Grossman, "Donald Trump, Our Reality TV Candidate", in *The New York Times*, 27 septembre 2015.

Sur le culte de l'authenticite dans les Reality: Susan Murray, Laurie Ouellette (Eds.), *Reality TV. Remaking Television Culture*, New York, New York University Press, 2004.

第五章｜布達佩斯的怪奇政治伴侶

La biographie de reference de Viktor Orban est: Paul Lendvai, *Orbán: Hungary's Strongman*, Oxford, Oxford University Press, 2016.

Les citations de Viktor Orban sont extraites de ses discours officiels et d'interviews donnees a *Bloomberg News* le 14 decembre 2014 (https://www.bloomberg.com/news/articles/2014-12-15/hungary-on-path-to-shedjunk-grade-and-shield-forint-orban-says) et a *Politico* le 23 novembre 2015 (https://www.politico.eu/article/viktororban-interview-terrorists-migrants-eu-russia-putin-bordersschengen/).

Pour une reconstruction detaillee de la campagne contre les migrants: Daniel Howden, "The Manufacture of Hatred: Scapegoating Refugees in Central Europe", in *Refugees*

Deeply, 14 decembre 2016 (https://www.newsdeeply.com/refugees/articles/2016/12/14/the-manufacture-ofhatred-scapegoating-refugees-in-central-europe).

Pour une analyse percutante de l'evolution de l'Europe de l'Est: Ivan Krastev,《Explaining Eastern Europe: Imitation and Its Discontents》, in *Journal of Democracy*, juillet 2018.

Le texte du *vademecum* du Mouvement 5 Etoiles est dans: Nicola Biondo, Marco Canestrari, *op. cit*.

Pour une sociographie des electeurs de l'AFD: Patrick Moreau, *Alternative für Deutschland: Établissement électoral, de la création en 2013 aux élections régionales de Hesse d'octobre 2018*, Paris, Fondation pour l'innovation politique, 2018.

Sur la convergence des extremes en France: Dominique Nora,《Faches et fachos》, in *L'Obs*, 15 novembre 2018.

第六章｜物理學家

La piece de Friedrich Durrenmatt est *I fisici*, Turin, Einaudi, 1985.

La citation d'Auguste Comte est extraite de *La Science sociale*, Paris, Gallimard, 1972.

A propos de l'industrie de la vie: Eric Sadin, *La Siliconisation du monde*, Paris, Editions L'Echappee, 2016.

La citation de Thucydide est extraite de: Luciano Canfora, *La natura del potere*, Bari, Laterza, 2009.

Sur l'usage des donnees dans la campagne en faveur du Brexit: Tim Shipman, *op. cit.*

Sur la campagne de reelection de Barack Obama: Sasha Issenberg, *The Victory Lab: The Secret Science of Winning Campaigns*. Et sur le Big Data comme《microscope politique》: Zeynep Tufekci,《Engineering the public: Big data, surveillance and computational politics》, in *First Monday*, Volume 19, Numero 7, 7 juillet 2014.

Sur l'usage des donnees dans la campagne electorale de Trump: Joshua Green – Sasha Issenberg,《Inside the Trump bunker with 12 days to go》, in *Bloomberg Businessweek*, 27 octobre 2016 ; Sue Halpern,《How He Used Facebook to Win》, in *The New York Review of Books*, 8 juin 2017.

Sur les campagnes electorales devenues des guerres entre software: Jamie Bartlett, *The People Vs. Tech: How the Internet Is Killing Democracy*, Londres, Ebury, 2018.

Michel Foucault a prophetise l'abolition de la foule dans *Surveiller et punir*, Paris, Gallimard, 1975.

Sur la politique centrifuge: Peter Pomerantsev,《Pop-Up People》, in *Granta Magazine*, 15 aout 2017 ; Peter Pomerantsev,《The Mirage of Populism》, in *The American Interest*, 22 decembre 2017.

Sur la nouvelle economie de l'extremisme: Nick Cohen,《Tommy Robinson and the rise of the new extremists》, in *The Spectator*, 7 juin 2018.

Sur le leader politique comme Revizor: Christian Salmon, *La cérémonie cannibale: De la performance politique*, Paris, Fayard, 2013.

Le livre de Peter Gay sur la Republique de Weimar: Peter Gay, *Weimar Culture: The Outsider As Insider*, New York, Norton, 2013.

La citation de Nassim Nicholas Taleb est extraite de son livre *Skin In the Game: Hidden Asymmetries in Daily Life*, New York, Random House, 2018.

L'etude de Serge Galam sur Trump: *The Trump Phenomenon: An Explanation from Sociophysics*, 22 aout 2016 (https://arxiv.org/abs/1609.03933).

Sur les cascades cognitives: Cass R. Sunstein, *#republic: Divided Democracy in the Age of Social Media*, Princeton, Princeton University Press, 2017.

Sur la desaffection democratique des jeunes generations: Roberto Stefan Foa – Yascha Mounk,《The Democratic Disconnect》, in *Journal of Democracy* vol. 27, n.3, juillet 2016.

結論｜量子政治的時代

Sur l'aspect festif et tribal du carnaval populiste: Michel Maffesoli,《Gilets jaunes en secession: les elites desemparees face a l'extreme-peuple》, in *Atlantico*, 24 decembre 2018 (https://www.atlantico.fr/decryptage/3562131/giletsjaunes-en-secession--les-elites-desemparees-face-a-l-extremepeuple-michel-maffesoli).

Sur l'importance du controle: Leonard Mlodinow,《The limits of control》, in *The*

International Herald Tribune, 17 juin 2009.

Sur la democratie comme systeme qui permet a une communaute d'avoir le controle de son destin: John Dunn (Ed.), *Democracy: The Unfinished Journey*, Oxford, Oxford University Press, 1992.

Brexit: The Uncivil War, la fiction televisee interpretee par Dominic Cumberbatch, a ete produite par Channel Four en 2019.

Dominique Reynie decrit le populisme patrimonial dans *Les nouveaux populismes*, Paris, Fayard/Pluriel, 2013.

Pour une reconstruction de la genese de la《New Politic》de Roosevelt: David Colon, *Propagande: La manipulation de masse dans le monde contemporain*, Paris, Belin, 2019.

Pour une idee visionnaire (et pre-Internet) de la politique quantique: Theodore L. Becker (Ed.), *Quantum Politics: Applying Quantum Theory to Political Phenomena*, Praeger, New York, 1991.

La citation d'Antonio Ereditato est extraite de: Edoardo Boncinelli – Antonio Ereditato, *Il cosmo della mente: Breve storia di come l'uomo ha creato l'universo*, Milan, Il Saggiatore, 2018.

La citation de John Maynard Keynes est extraite de《Am I A Liberal ?》, in *The Nation & Aethenaeum*, 15 aout 1925.

文化思潮 013

政客、權謀、小丑：民粹如何襲捲全球

LES INGÉNIEURS DU CHAOS

作者	朱里亞諾・達・恩波利Giuliano da Empoli
譯者	林佑軒
主編	陳怡慈
責任編輯	石瑷寧
責任企畫	林進韋
美術設計	許晉維
內文排版	薛美惠
董事長	趙政岷
出版者	時報文化出版企業股份有限公司 10803 台北市和平西路三段240號1-8樓 發行專線｜02-2306-6842 讀者服務專線｜0800-231-705｜02-2304-7103 讀者服務傳真｜02-2304-6858 郵撥｜1934-4724 時報文化出版公司 信箱｜10899臺北華江橋郵局第99信箱
時報悅讀網	www.readingtimes.com.tw
電子郵件信箱	ctliving@readingtimes.com.tw
人文科學線臉書	www.facebook.com/jinbunkagaku
法律顧問	理律法律事務所｜陳長文律師、李念祖律師
印刷	勁達印刷有限公司
初版一刷	2019年12月6月
定價	新台幣320元

時報文化出版公司成立於一九七五年，並於一九九九年股票上櫃公開發行，於二〇〇八年脫離中時集團非屬旺中，以「尊重智慧與創意的文化事業」為信念。

版權所有 翻印必究（缺頁或破損的書，請寄回更換）

LES INGÉNIEURS DU CHAOS by Giuliano da EMPOLI
© 2019 by Editions Jean-Claude Lattès
Complex Chinese edition copyright © 2019 by China Times Publishing Company
Published by arrangement with Editions Jean-Claude Lattès
Through The Grayhawk Agency
All rights reserved.

ISBN 978-957-13-8041-4

政客、權謀、小丑：民粹如何襲捲全球 / 朱里亞諾.達.恩波利(Giuliano da Empoli)著；林佑軒譯. -- 初版. -- 臺北市：時報文化, 2019.12 ｜ 面；公分. -- (文化思潮；13) ｜譯自：Les ingénieurs du chaos ｜ISBN 978-957-13-8041-4(平裝) ｜1.民粹主義 2.政治思想 ｜570.11 ｜108019661